NCERT प्रैक्टिस

वर्कबुक

हिंदी वसंत

कक्षा 6

प्रत्येक अध्याय में विभिन्न प्रकार के प्रश्न; बहुविकल्पीय, रिक्त स्थान, सत्य-असत्य, अतिलघु, लघु, दीर्घउत्तरीय, मूल्यपरक प्रश्न आदि साथ ही व्याकरण, लेखन व अपठित खंड का भी समावेश

अनामिका देशपाण्डे

arihant
अरिहन्त प्रकाशन (स्कूल डिवीज़न सीरीज़)

arihant

अरिहन्त प्रकाशन (स्कूल डिवीज़न सीरीज़)

卐 **रजि. कार्यालय**

'रामछाया' 4577/15, अग्रवाल रोड, दरिया गंज, नई दिल्ली- 110002
फोन: 011-47630600, 43518550

卐 **मुख्य कार्यालय**

कालिन्दी, टी०पी० नगर, मेरठ (यूपी)– 250002
फोन: 0121-7156203, 7156204

卐 **शाखा कार्यालय**

आगरा, अहमदाबाद, बरेली, बंगलुरु, चेन्नई, दिल्ली, गुवाहाटी, हैदराबाद, जयपुर, झाँसी, कोलकाता, लखनऊ, नागपुर तथा पुणे

PO No : TXT-XX-XXXXXXX-X-XX

PUBLISHED BY ARIHANT PUBLICATIONS (INDIA) LTD.

'अरिहन्त' की पुस्तकों के बारे में अधिक जानकारी के लिए हमारी वेबसाइट **www.arihantbooks.com** पर लॉग इन करें या **info@arihantbooks.com** पर सम्पर्क करें।

Follow us on...

9 789327 196917

प्रोडक्शन टीम

पब्लिशिंग मैनेजर
केशव मोहन, अमित वर्मा

प्रोजेक्ट कॉर्डिनेटर
मनीष कुमार

प्रोजेक्ट एडिटर
अविनाश झा

कवर डिजाइनर
बिलाल

इनर डिजाइनर
गौरव

प्रूफ रीडर
प्रीति

वर्कबुक की आवश्यकता क्यों?

किसी भी विषय को सीखने के लिए व उसमें दक्षता प्राप्त करने के लिए 'अभ्यास' सबसे महत्त्वपूर्ण आवश्यकता है। अभ्यास के माध्यम से ही विद्यार्थियों में ज्ञान का विकास होता है तथा उनकी स्मरण शक्ति में वृद्धि होती है। विद्यार्थियों को आवश्यक अभ्यास करवाने के लिए ही इस वर्कबुक को तैयार किया गया है। इस वर्कबुक के बारे में विस्तृत जानकारी नीचे दी गई है तथा यह समझाया गया है कि यह वर्कबुक विद्यार्थियों के लिए किस प्रकार से उपयोगी है।

पूर्णतः NCERT पाठ्य-पुस्तक पर आधारित

यह वर्कबुक पूर्णतः NCERT पाठ्य-पुस्तक पर आधारित है, NCERT ही एकमात्र ऐसी पाठ्य-पुस्तक है जो भारत सरकार व CBSE द्वारा स्कूलों के लिए Recommend की गई है। इस वर्कबुक में NCERT के पाठों की विषयवस्तु पर आधारित विभिन्न प्रकार के प्रश्न दिए गए है। इन प्रश्नों का अभ्यास करके विद्यार्थी NCERT पाठ्य-पुस्तक के अध्यायों का सम्पूर्ण रूप से अभ्यास कर सकते हैं तथा उन पर अपनी पकड़ मजबूत कर सकते हैं।

एकमात्र सम्पूर्ण वर्कबुक

अरिहन्त वर्कबुक, एकमात्र ऐसी वर्कबुक है, जिसमें पाठ्यक्रम के सभी खण्डों क्रमशः पाठ्य-पुस्तक, व्याकरण, लेखन व अपठित बोध का समावेश किया गया है। इस प्रकार यह वर्कबुक विद्यार्थियों को परीक्षाओं की सम्पूर्ण तैयारी कराने में समर्थ है।

वर्कबुक – उद्देश्य, उपयोग एवं विशेषताएँ

इस वर्कबुक के प्रत्येक अध्याय में विभिन्न प्रकार के प्रश्नों का समावेश किया गया है, जो NCERT पुस्तकों के अध्यायों को सम्पूर्ण रूप से कवर करते हैं। इस प्रकार यह वर्कबुक विद्यार्थियों द्वारा कक्षा में पढ़े जाने वाली सामग्री का व्यवस्थित अभ्यास देती है। अतः यह वर्कबुक कक्षा में अथवा अपने घर पर दोनों जगह समान रूप से उपयोगी है।

इस वर्कबुक की कुछ विशेषताएँ निम्न हैं-

- सभी खण्डों क्रमशः पाठ्य-पुस्तक, व्याकरण, लेखन व अपठित बोध का सम्पूर्ण कवरेज।
- NCERT के सभी अध्यायों का विस्तृत कवरेज।
- विभिन्न प्रकार के प्रश्नों का समावेश; जैस-रिक्त स्थानों की पूर्ति, सत्य-असत्य, सुमेलन, बहुविकल्पीय, अति लघु उत्तरीय, लघु उत्तरीय व दीर्घ उत्तरीय प्रश्न आदि।

इस वर्कबुक में दी गई सम्पूर्ण पाठ्य-सामग्री निश्चित रूप से विद्यार्थियों की विषय सम्बन्धी क्षमताओं व उनके विश्वास में वृद्धि करेगी। इस वर्कबुक के द्वारा विद्यार्थी हिन्दी विषय के प्रति अपनी कठिनाइयों तथा प्रश्नों को हल करते समय अपने मन में उठने वाले सन्देहों को आसानी से दूर कर पाएँगे।

हम अध्यापकों, विद्यार्थियों व अभिभावकों से अपील करते हैं, कि वे इस वर्कबुक के सुधार के लिए अपने सुझावों को प्रस्तुत करें। हम सभी सुझावों को इस वर्कबुक के अगले संस्करणों में समाहित करने का प्रयास करेंगे।

प्रकाशक

विषय सूची

पाठ्य-पुस्तक (वसंत)

पूरक पाठ्य-पुस्तक (बाल रामकथा)

व्याकरण

लेखन

अपठित बोध

पाठ्य-पुस्तक

अध्याय 1

वह चिड़िया जो

केदारनाथ अग्रवाल

1 अतिलघु उत्तरीय प्रश्न

(क) 'वह चिड़िया जो' कविता में जुंडी के दानों को कैसा बताया गया है?

(ख) चिड़िया के पंख किस रंग के हैं?

(ग) 'वह चिड़िया जो' कविता में कंठ खोलकर चिड़िया क्या कर रही है?

(घ) विजन से चिड़िया का कैसा संबंध है?

2 लघु उत्तरीय प्रश्न

(क) चिड़िया ने स्वयं को 'संतोषी' क्यों कहा है?

(ख) आप कैसे कह सकते हैं कि चिड़िया मुँहबोली है?

(ग) 'वह चिड़िया जो' कविता में चिड़िया की कौन-कौन-सी विशेषताएँ बताई गई हैं?

3 निम्नलिखित काव्यांशों को पढ़कर दिए गए प्रश्नों के उत्तर लिखिए

(1)

"वह चिड़िया जो-चोंच मारकर
दूध-भरे जुंडी के दाने रुचि से, रस से खा लेती है
वह छोटी संतोषी चिड़िया नीले पंखोंवाली मैं हूँ
मुझे अन्न से बहुत प्यार है।"

(क) प्रस्तुत काव्यांश के आधार पर बताइए कि चिड़िया रुचिपूर्वक क्या खाती है?

(ख) प्रस्तुत काव्यांश के अनुसार, चिड़िया किस स्वभाव की है?

(ग) प्रस्तुत काव्यांश के आधार पर बताइए कि चिड़िया को किस चीज़ से बहुत प्यार है?

(घ) 'दूध-भरे' में कौन-सा समास है?

(i) द्वंद्व समास ☐ (ii) तत्पुरुष समास ☐
(iii) अव्ययी भाव समास ☐ (iv) द्विगु समास ☐

(ङ) 'वह' सर्वनाम है

(i) निश्चयवाचक ☐ (ii) प्रश्नवाचक ☐
(iii) निजवाचक ☐ (iv) संबंधवाचक ☐

(2)

"वह चिड़िया जो-चोंच मारकर
चढ़ी नदी का दिल टटोलकर जल का मोती ले जाती है
वह छोटी गरबीली चिड़िया नीले पंखोंवाली मैं हूँ
मुझे नदी से बहुत प्यार है।"

(क) उपर्युक्त पंक्तियों में वर्णित नदी कैसी है?

(ख) उपर्युक्त पंक्तियों के आधार पर बताइए कि चिड़िया क्या ले जाती है और कैसे?

(ग) उपर्युक्त पंक्तियों के अनुसार नदी से कौन प्यार करता है?

(घ) 'छोटी गरबीली चिड़िया' में विशेषण और विशेष्य को पृथक् कीजिए।

(ङ) 'चिड़िया' शब्द का बहुवचन है

(i) चिड़िएँ ☐ (ii) चिड़ियाएँ ☐
(iii) चिड़ा ☐ (iv) चिड़ियाँ ☐

4 निम्नलिखित बहुविकल्पीय प्रश्नों के उत्तर दीजिए

(क) चिड़िया द्वारा जुंडी के दाने किस प्रकार खाए जाते हैं?

(i) पंख मारकर ☐ (ii) मुँह मारकर ☐
(iii) चोंच मारकर ☐ (iv) पैर मारकर ☐

(ख) चिड़िया किसके लिए गाती है?

(i) बूढ़े वन-बाबा के लिए ☐ (ii) अपने साथियों के लिए ☐
(iii) घने जंगलों के लिए ☐ (iv) इनमें से कोई नहीं ☐

(ग) 'वह चिड़िया जो' कविता में कौन, किसका दिल टटोल रहा है?

(i) नदी, वन-बाबा का ☐ (ii) पानी, घने जंगलों का ☐
(iii) चिड़िया, नदी का ☐ (iv) इनमें से कोई नहीं ☐

(घ) निम्नलिखित में से चिड़िया का स्वभाव कैसा है?

(i) गरबीला ☐ (ii) शांत ☐
(iii) डरावना ☐ (iv) इनमें से कोई नहीं ☐

(ङ) निम्नलिखित में से चिड़िया को किससे प्यार नहीं है?

(i) विजन से ☐ (ii) अन्न से ☐
(iii) समुद्र से ☐ (iv) नदी से ☐

5 निम्नलिखित वाक्यों में सही के सामने सही (✓) और गलत के सामने गलत (×) का चिह्न लगाइए

(क) चिड़िया गेहूँ के दाने खाती है। ☐

(ख) चिड़िया छोटे आकार की है। ☐

(ग) चिड़िया विजन (जंगल) में रहकर दु:खी हो जाती है। ☐

(घ) चिड़िया रस उँडेलकर गाती है। ☐

(ङ) चिड़िया सफ़ेद पंखों वाली है। ☐

6 आशय स्पष्ट कीजिए

(क) "मुझे विजन से बहुत प्यार है"

____

(ख) "चढ़ी नदी का दिल टटोलकर जल का मोती ले जाती है"

____

7 कल्पना कीजिए

(क) चिड़िया जुंडी के दाने के अतिरिक्त और क्या-क्या खाती होगी?

____

(ख) यदि आप चिड़िया होते तो आपको किन-किन वस्तुओं से प्यार होता?

____

[अध्याय 2]

बचपन

कृष्णा सोबती

1 अतिलघु उत्तरीय प्रश्न

(क) 'बचपन' पाठ के आधार पर बताइए कि लेखिका इन दिनों स्वयं को कैसा महसूस करती हैं?

(ख) बच्चों को कहाँ की चॉकलेट और पेस्ट्री मज़ा देने वाली लगती थी?

(ग) लेखिका ने किस वस्तु का उल्लेख किया है जो उनके बचपन में भी उपलब्ध थी और आज भी उपलब्ध है?

(घ) लेखिका के अनुसार शिमला के प्रत्येक बच्चों को क्या करने का मौका मिल ही जाता था?

(ङ) 'बचपन' पाठ में हाथ के कमाल से बनाई किस पुड़िया का वर्णन किया गया है?

(च) बच्चे उड़ते हवाई जहाज़ की तुलना किससे करते थे?

2 लघु उत्तरीय प्रश्न

(क) लेखिका बचपन में कौन-कौन-सी पोशाकें पहनती थीं?

(ख) लेखिका को बचपन में रविवार की सुबह क्या-क्या करना पड़ता था?

(ग) लेखिका ने शनिवारी दवा किसे कहा है और क्यों?

(घ) पहली बार चश्मा लगाने पर लेखिका को किसने, क्या कहकर चिढ़ाया?

3 दीर्घ उत्तरीय प्रश्न

(क) समय के साथ-साथ बचपन की दिलचस्पियाँ बदल जाती हैं। 'बचपन' पाठ के आधार पर स्पष्ट कीजिए।

(ख) लेखिका ने शिमला के काफ़ल की किन-किन विशेषताओं को बताया है? उल्लेख कीजिए।

(ग) शिमला स्थित ट्रेन के मॉडलवाली दुकान के शोरूम का वर्णन अपने शब्दों में कीजिए।

(घ) पाठ के आधार पर बताइए कि लेखिका ने स्वयं को किसका ज़िम्मेवार माना है और क्यों?

(ङ) चचेरे भाई के जाने के पश्चात् लेखिका ने क्या-क्या क्रियाएँ कीं? विस्तार से बताइए।

4 निम्नलिखित गद्यांशों को पढ़कर दिए गए प्रश्नों के उत्तर लिखिए

(1) सामने आकाश पर सूर्यास्त हो रहा है। गुलाबी सुनहरी धारियाँ नीले आसमान पर फैल रही हैं। दूर-दूर फैले पहाड़ों के मुखड़े गहराने लगे और देखते-देखते बत्तियाँ टिमटिमाने लगीं। रिज पर की रौनक और माल की दुकानों की चमक के भी क्या कहने! स्कैंडल पॉइंट की भीड़ से उभरता कोलाहल।

(क) गद्यांश में दिन के किस समय का वर्णन है?

(ख) नीले आसमान पर क्या फैल रहा है?

(ग) कोलाहल किस कारण से है?

(घ) 'आकाश' का विलोमार्थी होगा

(i) धरती ☐ (ii) मिट्टी ☐
(iii) जंगल ☐ (iv) नदी ☐

(ङ) 'पहाड़' का पर्यायवाची होगा

(i) चट्टान ☐ (ii) पत्थर ☐
(iii) पठार ☐ (iv) पर्वत ☐

(2) बचपन के कुछ फ्रॉक तो मुझे अब तक याद हैं। हलकी नीली और पीली धारीवाला फ्रॉक। गोल कॉलर और बाज़ू पर भी गोल कफ़। एक हलके गुलाबी रंग का बारीक चुन्नटोंवाला घेरदार फ्रॉक। नीचे गुलाबी रंग की फ्रिल। उन दिनों फ्रॉक के ऊपर की जेब में रूमाल और बालों में इतराते रंग-बिरंगे रिबन का चलन था। लेमन कलर का बड़े प्लेटोंवाला गर्म फ्रॉक जिसके नीचे फ़र टँकी थी। दो ट्यूनिक भी याद हैं। एक चॉकलेट रंग का और अंदर की कोटी प्याज़ी। दूसरा ग्रे और उसके साथ सफ़ेद कोटी। मुझे अपने मोज़े और स्टॉकिंग भी याद हैं।

(क) उपर्युक्त गद्यांश के आधार पर बताइए कि लेखिका को बचपन के दिनों की कौन-कौन सी चीज़ें याद हैं?

(ख) लेखिका की गुलाबी रंग की फ्रॉक की क्या विशेषता थी?

(ग) लेखिका के बचपन में किस प्रकार का चलन था?

(घ) 'घेरदार' शब्द में से प्रत्यय छाँटकर लिखिए।
- (i) र ☐ (ii) आर ☐
- (iii) दार ☐ (iv) रदार ☐

(ङ) 'रिबन' शब्द है
- (i) देशज ☐ (ii) विदेशज ☐
- (iii) तत्सम ☐ (iv) तद्भव ☐

5 निम्नलिखित बहुविकल्पीय प्रश्नों के उत्तर दीजिए

(क) परिवार में लेखिका को सब लोग क्या कहकर पुकारते थे?
- (i) दादी ☐ (ii) दीदी ☐
- (iii) बुआ ☐ (iv) जीजी ☐

(ख) लेखिका लंबी सैर के दौरान अपने साथ क्या रखती थीं?
- (i) धागा ☐ (ii) सूई ☐
- (iii) रुई ☐ (iv) चॉकलेट ☐

(ग) लेखिका के बचपन के दिनों में कोक के स्थान पर क्या मिलती थी?
- (i) पेप्सी ☐ (ii) लेमनेड ☐
- (iii) लिम्का ☐ (iv) फैंटा ☐

(घ) लेखिका और उनके भाई-बहनों की शिमला मॉल से क्या लाने की ड्यूटी लगती थी?
- (i) चॉकलेट लाने की ☐ (ii) ब्राउन ब्रेड लाने की ☐
- (iii) जूते लाने की ☐ (iv) अनारदाना लाने की ☐

(ङ) लेखिका ने किसका टोपा उठाकर सिर पर रखा?

(i) छोटे भाई का ☐ (ii) छोटी बहन का ☐

(iii) अपनी सहेली का ☐ (iv) इनमें से कोई नहीं ☐

6 निम्नलिखित वाक्यों में सही के सामने सही (✓) तथा गलत के सामने गलत (×) का चिह्न लगाइए

(क) इन दिनों लेखिका को हलके रंग की पोशाकें पहनना पसंद है। ☐

(ख) लेखिका को बचपन में अपने मोज़े नौकर या नौकरानी से धुलवाने की मनाही नहीं थी। ☐

(ग) लेखिका को आज भी बूट-पॉलिश करना पसंद नहीं है। ☐

(घ) लेखिका के बचपन के दिनों में कोक-पेप्सी, बर्गर, पैटीज़ आदि चीज़ें आसानी से मिल जाती थीं। ☐

(ङ) चेस्टनट छिलके सहित खाए जाते हैं। ☐

7 लेखिका ने अपने बचपन की निम्नलिखित चीज़ों को आज की किन-किन चीज़ों में बदलता हुआ पाया है। दिए गए स्थान पर लिखिए

लेखिका के बचपन में	आज के समय में
(क) कचौड़ी-समोसा	____________
(ख) कुल्फ़ी	____________
(ग) शहतूत, फ़ाल्से और खसखस का शरबत	____________

8 कल्पना कीजिए

(क) जिस प्रकार लेखिका के बचपन में चना ज़ोर गरम की पुड़िया मिला करती थी, वह आज भी उसी रूप में मिलती है। उसी प्रकार आपको कौन-सी वस्तु ऐसी लगती है जो आपके बचपन में मिलती थी, वह आपके सयाने होने के बाद भी मिलती रहेगी?

____

____

(ख) कल्पना कीजिए कि यदि आपके छोटे भाई-बहन की आँखों पर चश्मा लगाया जाता है तो आप उन्हें किस प्रकार सताएँगे?

____

____

[अध्याय 3]

नादान दोस्त

प्रेमचंद

1 अतिलघु उत्तरीय प्रश्न

(क) केशव और उसकी बहन सुबह-सुबह आँखें मलते हुए कहाँ पहुँच जाते थे?

(ख) श्यामा मटके से क्या निकालकर लाई थी?

(ग) कार्निस के ऊपर कितने अंडे थे?

(घ) केशव ने किसे पालने की योजना बनाई थी?

(ङ) केशव कभी-कभी क्या याद करके रोता था?

(च) सर्वप्रथम टूटे हुए अंडों पर किसकी नज़र गई थी?

2 लघु उत्तरीय प्रश्न

(क) 'नादान दोस्त' पाठ में केशव और श्यामा को किसी भी चीज़ की सुध क्यों नहीं रहती थी?

(ख) केशव और श्यामा के मन में चिड़िया के अंडों को लेकर किस-किस प्रकार के प्रश्न उठते थे?

(ग) अंडों को धूप से बचाने के लिए केशव ने क्या उपाय निकाला?

(घ) केशव ने कार्निस पर क्या देखा था?

(ङ) अंडों को ज़मीन पर किसने गिराया और क्यों?

3 दीर्घ उत्तरीय प्रश्न

(क) केशव और श्यामा किस मुसीबत का अंदाज़ा लगा के घबरा रहे थे? उन्होंने इस मुसीबत को समाप्त करने के लिए क्या फ़ैसला किया?

(ख) केशव और श्यामा ने किस प्रकार अंडों की हिफ़ाज़त की तैयारियाँ कीं? विस्तृत रूप से वर्णन कीजिए।

(ग) श्यामा ने कहानी के दूसरे भाग में केशव के प्रति सहानुभूति प्रकट करते हुए उसे बचाया, परंतु तीसरे भाग में श्यामा ने केशव की सारी पोल खोल दी। श्यामा ने ऐसा क्यों किया? कारण सहित स्पष्ट कीजिए।

(घ) प्रेमचंद ने इस कहानी के माध्यम से बाल मन को अभिव्यक्त करने का प्रयास किया है। स्पष्ट कीजिए।

4 निम्नलिखित गद्यांशों को पढ़कर दिए गए प्रश्नों के उत्तर लिखिए

(1) इस तरह तीन-चार दिन गुज़र गए। दोनों बच्चों की जिज्ञासा दिन-प्रतिदिन बढ़ती जाती थी। अंडों को देखने के लिए वे अधीर हो उठते थे। उन्होंने अनुमान लगाया कि अब ज़रूर बच्चे निकल आए होंगे। बच्चों के चारे का सवाल अब उनके सामने आ खड़ा हुआ।

(क) किनकी जिज्ञासा दिन-प्रतिदिन बढ़ रही थी?

(ख) केशव और श्याम क्यों बेचैन हो उठते थे?

(ग) दोनों बच्चों ने क्या अनुमान लगाया?

(घ) 'जिज्ञासा' शब्द का अर्थ होगा

(i) जागने की इच्छा ☐ (ii) जानने की इच्छा ☐

(iii) जुड़ने की इच्छा ☐ (iv) इनमें से कोई नहीं ☐

(ङ) 'सवाल' शब्द के लिए एक अन्य सार्थक शब्द होगा

(i) बवाल ☐ (ii) जवाब ☐

(iii) प्रश्न ☐ (iv) इनमें से कोई नहीं ☐

(2) गरमी के दिन थे। बाबू जी दफ़्तर गए हुए थे। अम्माँ दोनों बच्चों को कमरे में सुलाकर खुद सो गई थीं। लेकिन बच्चों की आँखों में नींद कहाँ? अम्माँ जी को बहलाने के लिए दोनों दम रोके, आँखें बंद किए, मौके का इंतज़ार कर रहे थे। ज्यों ही मालूम हुआ कि अम्माँ जी अच्छी तरह से सो गईं, दोनों चुपके से उठे और बहुत धीरे से दरवाज़े की चिटकनी खोलकर बाहर निकल आए।

(क) इस गद्यांश में किस ऋतु की बात कही गई है?

____

(ख) अम्माँ जी को बहलाने के लिए दोनों बच्चों ने क्या चालाकी की?

____

(ग) अम्माँ जी के सोते ही दोनों बच्चों ने क्या किया?

____

(घ) 'इंतज़ार' का पर्यायवाची शब्द होगा

(i) प्रतीक्षा ☐ (ii) अंदर ☐

(iii) व्यवस्था ☐ (iv) इनमें से कोई नहीं ☐

(ङ) 'गरमी' का विलोम शब्द होगा

(i) ताप ☐ (ii) वर्षा ☐

(iii) सरदी ☐ (iv) वसंत ☐

5 निम्नलिखित बहुविकल्पीय प्रश्नों के उत्तर दीजिए

(क) केशव ने ज़मीन पर क्या गिरा दिया था?

(i) चावल की थाली ☐ (ii) पानी का मटका ☐

(iii) प्याली का तेल ☐ (iv) टोकरी में भरी मिट्टी ☐

(ख) अंडे कहाँ पड़े हुए थे?

(i) बिछावन पर ☐ (ii) टोकरी में ☐

(iii) तिनकों पर ☐ (iv) इनमें से कोई नहीं ☐

(ग) केशव ने धोती के टुकड़े का प्रयोग किस रूप में किया?

(i) छाया करने के लिए ☐ (ii) सुराख बंद करने के लिए ☐

(iii) गद्दी बनाने के लिए ☐ (iv) इनमें से कोई नहीं ☐

(घ) केशव अपनी माँ के सामने कैसे खड़ा था?

(i) भीगी बिल्ली बनकर ☐ (ii) चूहा बनकर ☐

(iii) शेर बनकर ☐ (iv) खिसयानी बिल्ली बनकर ☐

(ङ) माँ को हँसी क्यों आई थी?

(i) अंडे टूट जाने के कारण ☐ (ii) बच्चों की नादानी के कारण ☐

(iii) बच्चों के दु:खी होने के कारण ☐ (iv) इनमें से कोई नहीं ☐

6 निम्नलिखित वाक्यों में सही के सामने सही (✓) तथा गलत के समने गलत (×) का चिह्न लगाइए

(क) केशव जिस स्टूल पर खड़ा था उसकी चारों टाँगें बराबर थीं। ☐

(ख) केशव ने श्यामा को छत पर चढ़ाया था। ☐

(ग) श्यामा ने माँ की साड़ी का टुकड़ा फाड़कर केशव को दिया था। ☐

(घ) चिड़िया ने अपने अंडे स्वयं गिराए थे। ☐

(ङ) अंडे फूट जाने के बाद चिड़ियाँ रोज़ आकर उसी कार्निस पर बैठती थी। ☐

7 किसने, किससे कहा–

(क) "नहीं री पगली, पहले पर निकलेंगे। बगैर पैरों के बेचारे कैसे उड़ेंगे?"

किसने कहा ______________________

किससे कहा ______________________

(ख) "क्यों रे? भीगी बिल्ली बनकर क्यों खड़ा है?"

किसने कहा ______________________

किससे कहा ______________________

(ग) "मैंने तो सिर्फ़ अंडों को गद्दी पर रख दिया था।"

किसने कहा ______________________

किससे कहा ______________________

8 कल्पना कीजिए

(क) कार्निस पर दोबारा वह दोनों चिड़ियाँ क्यों नहीं आती होंगी? सोचकर इस विषय में लिखिए।

____

____

(ख) केशव और श्यामा चिड़िया के अंडो को लेकर बहुत उत्सुक थे। क्या आप भी किसी नयी चीज़ के प्रति ऐसे उत्सुक हुए हो। अगर आप वहाँ होते तो अंडो को कैसे बचाते?

____

____

[अध्याय 4]

चाँद से थोड़ी-सी गप्पें

शमशेर बहादुर सिंह

1 अतिलघु उत्तरीय प्रश्न

(क) चाँद ने क्या पहन रखा है?

(ख) प्रस्तुत कविता में किसने अपना मुँह खोल रखा है?

(ग) "हमको बुद्धू ही निरा समझा है!" यह कथन किसने, किससे कहा?

2 लघु उत्तरीय प्रश्न

(क) चाँद के आकार, रंग-रूप आदि के बारे में लड़की के क्या विचार हैं? स्पष्ट कीजिए।

(ख) लड़की ने चाँद को समझने में क्या भूल की है और वास्तविकता क्या है?

(ग) लड़की ने ऐसा क्यों कहा कि चाँद को बीमारी है?

3 **निम्नलिखित काव्यांशों को पढ़कर पूछे गए प्रश्नों के उत्तर लिखिए।**

गोल हैं खूब मगर, आप तिरछे नज़र आते हैं ज़रा।
आप पहने हुए हैं कुल आकाश तारों-जड़ा;
सिर्फ़ मुँह खोले हुए हैं अपना गोरा-चिट्टा, गोल-मटोल,
अपनी पोशाक को फैलाए हुए चारों सिम्त।
आप कुछ तिरछे नज़र आते हैं जाने कैसे

(क) गोल होने पर भी चाँद में क्या कमी है?

(ख) पूरा आकाश किससे जड़ा हुआ है?

(ग) चाँद के मुँह की क्या-क्या विशेषताएँ हैं?

(घ) 'मुँह' का पर्यायवाची शब्द होगा

(i) मुख्या ☐ (ii) मुखिया ☐
(iii) मुख ☐ (iv) मुख्य ☐

(ङ) 'आकाश' का विलोम शब्द है

(i) जल ☐ (ii) आसमान ☐
(iii) पाताल ☐ (iv) गगन ☐

4 **बहुविकल्पीय प्रश्न**

(क) चाँद से गप्पें कौन लड़ा रहा है?

(i) 12-13 वर्ष का एक लड़का ☐ (ii) 10-11 वर्ष की एक लड़की ☐
(iii) 61-62 वर्ष की एक बूढ़ी ☐ (iv) 5-6 वर्ष की एक लड़की ☐

(ख) लड़की गोरा-चिट्टा किसे कह रही है?

(i) चाँद को ☐ (ii) तारों को ☐
(iii) खुद को ☐ (iv) इनमें से कोई नहीं ☐

(ग) चाँद ने अपनी पोशाकें कहाँ फैलाई हुई है?

(i) पृथ्वी पर ☐ (ii) सूर्य पर ☐
(iii) नदियों में ☐ (iv) चारों दिशाओं में ☐

(घ) चाँद का मरज़ कैसा है?

(i) अच्छा न होने वाला ☐ (ii) अच्छा होने वाला ☐

(iii) जानलेवा ☐ (iv) इनमें से कोई नहीं ☐

5 निम्नलिखित वाक्यों में सही के सामने सही (✓) तथा गलत के सामने गलत (×) का चिह्न लगाइए

(क) चाँद ने चार चादरें ओढ़ी हुई हैं। ☐

(ख) चाँद गोल-मटोल है। ☐

(ग) चाँद घटता है, तो घटता ही चला जाता है। ☐

(घ) चाँद पूरा गोल हुए बिना दम नहीं लेता। ☐

(ङ) लड़की चाँद से नाराज़ है। ☐

6 आशय स्पष्ट कीजिए

(क) वाह जी, वाह!
हमको बुद्धू ही निरा समझा है!

(ख) अपनी पोशाक को फैलाएँ हुए चारों सिम्त।
आप कुछ तिरछे नज़र आते हैं जाने कैसे।

(ग) दम नहीं लेते हैं जब तक बिलकुल ही गोल न हो जाएँ बिलकुल गोल।

7 कल्पना कीजिए

(क) पाठ में चाँद से गप्पें करती हुई लड़की के स्थान पर यदि आप होते तो आप चाँद से क्या-क्या गप्पें करते?

(ख) जब रात में आप चाँद को देखते हैं तो उसे देखकर आपके मन में क्या-क्या सवाल उठते हैं?

अक्षरों का महत्त्व

गुणाकर मुले

1 अतिलघु उत्तरीय प्रश्न

(क) हमारी धरती कितने वर्षों तक जीव-जंतुओं से खाली रही?

(ख) आदमी ने गाँवों को बसाना कितने वर्ष पूर्व आरंभ किया था?

(ग) प्रागैतिहासिक मानव ने सबसे पहले किस माध्यम से अपने भाव व्यक्त किए?

(घ) अक्षरों की खोज का सिलसिला कब आरंभ हुआ था?

2 लघु उत्तरीय प्रश्न

(क) गाँवों को बसाने के बाद मनुष्य ने कौन-कौन से कार्य आरंभ किए?

(ख) प्रागैतिहासिक काल में किस-किस प्रकार के भाव-संकेत सामने आए?

(ग) मनुष्य कब से 'सभ्य' कहा जाने लगा?

(घ) यदि मनुष्य अक्षरों की खोज न करता, तो आज हम किन-किन बातों से अनजान रह जाते?

(ङ) आज हम जिन अक्षरों को पढ़ते हैं, उनके संबंध में हमें क्या-क्या मालूम होना चाहिए?

3 दीर्घ उत्तरीय प्रश्न

(क) ऐसा क्यों कहा गया है कि अक्षरों की खोज के साथ एक नए युग की शुरुआत हुई? स्पष्ट कीजिए।

(ख) पाठ के आधार पर स्पष्ट कीजिए कि अक्षरों का मानव जीवन में क्या महत्त्व है?

4 निम्नलिखित गद्यांशों को पढ़कर पूछे गए प्रश्नों के उत्तर लिखिए

(1) दुनिया में अब तक करोड़ों पुस्तकें छप चुकी हैं। हज़ारों पुस्तकें रोज़ छपती हैं। तरह-तरह के अक्षरों में हज़ारों की तादाद में रोज़ ही समाचार-पत्र छपते रहते हैं। इन सबके मूल में हैं अक्षर। हम कल्पना भी नहीं कर सकते कि यदि आदमी अक्षरों को न जानता, तो आज इस दुनिया का क्या हाल होता?

(क) उपरोक्त गद्यांश किस पाठ से लिया गया है व उसके लेखक कौन हैं?

(ख) पुस्तकें और समाचार-पत्र के छपते रहने के मूल में क्या है?

(ग) अक्षरों को न जानने पर हम कौन-सी कल्पना नहीं कर सकते थे?

(घ) उपरोक्त गद्यांश में 'करोड़' शब्द के लिए प्रयोग होने वाला अन्य शब्द है

(i) करोड़ी ☐ (ii) सहस्र ☐
(iii) कोटि ☐ (iv) शत ☐

(ङ) 'मूल' शब्द का अर्थ है

(i) जड़ ☐ (ii) अक्षर ☐
(iii) निवासी ☐ (iv) इनमें से कोई नहीं ☐

(2) पुराने ज़माने के लोग सचमुच ही सोचते थे कि अक्षरों की खोज ईश्वर ने की है। पर आज हम जानते हैं कि अक्षरों की खोज ईश्वर ने नहीं, बल्कि स्वयं आदमी ने की है। अब तो हम यह भी जानते हैं कि किन अक्षरों की खोज किस देश में किस समय हुई!

(क) पुराने ज़माने के लोग अक्षरों की खोज के बारे में क्या सोचते थे?

(ख) अक्षरों की खोज की वास्तविकता क्या है?

(ग) आज अक्षरों की खोज के संबंध में हमें कौन-सी विशेष जानकारी प्राप्त है?

(घ) 'पुराने' का विलोम शब्द क्या होगा?

(i) प्राचीन ☐ (ii) नए ☐
(iii) बीता हुआ ☐ (iv) इनमें से कोई नहीं ☐

(ङ) 'ईश्वर' का पर्यायवाची क्या होगा?

(i) आत्मा ☐ (ii) धनात्मा ☐
(iii) परमात्मा ☐ (iv) सुखात्मा ☐

5 बहुविकल्पीय प्रश्न

(क) हमारी पृथ्वी लगभग कितने वर्ष पुरानी है?

(i) 2 अरब वर्ष ☐ (ii) 3 अरब वर्ष ☐
(iii) 4 अरब वर्ष ☐ (iv) 5 अरब वर्ष ☐

(ख) जब से मनुष्य ने लिखना शुरू किया, तब से किसका आरंभ हुआ?

(i) प्रागैतिहासिक काल का ☐ (ii) इतिहास का ☐
(iii) मध्यकालीन युग का ☐ (iv) इनमें से कोई नहीं ☐

(ग) इतिहास को शुरू हुए लगभग कितने वर्ष हुए हैं?

(i) लगभग 1 लाख वर्ष ☐ (ii) लगभग 6000 वर्ष ☐
(iii) लगभग 2000 वर्ष ☐ (iv) लगभग 500 वर्ष ☐

(घ) जब से मानव ने अक्षरों की खोज की तब से वह क्या माना जाने लगा?

(i) विद्वान ☐ (ii) शिक्षक ☐
(iii) सभ्य ☐ (iv) बुद्धिहीन ☐

(ङ) विभिन्न प्रकार की लिपियों का जन्म किससे हुआ है?

(i) शब्दों से ☐ (ii) शैली से ☐
(iii) अक्षरों से ☐ (iv) इनमें से कोई नहीं ☐

6 निम्नलिखित वाक्यों में सही के सामने सही (✓) तथा गलत के सामने गलत (×) का चिह्न लगाइए

(क) सारी पुस्तकें अक्षरों से बनी हैं। ☐

(ख) मानव का जन्म आज से लगभग पाँच लाख वर्ष पूर्व हुआ था। ☐

(ग) प्रारंभिक मानव ने सबसे पहले ताँबे और काँसे के औज़ारों का इस्तेमाल किया था। ☐

(घ) सूर्य का चित्र 'ताप' या 'धूप' का द्योतक है। ☐

(ङ) इतिहास से पूर्व का काल प्रागैतिहासिक काल कहलाता है। ☐

7 कल्पना कीजिए

(क) कल्पना करो यदि अक्षरों की खोज न हुई होती तो हमारा जीवन कैसा होता?

____

____

(ख) कल्पना करो कि मनुष्य के जन्म से पहले धरती का वातावरण कैसा रहा होगा?

____

____

[अध्याय 6]

पार नज़र के

जयंत विष्णु नार्लीकर [अनुवादक-रेखा देशपांडे]

1 अतिलघु उत्तरीय प्रश्न

(क) छोटू और उसकी माँ प्रतिदिन किस रास्ते को लेकर बात करते थे?

(ख) पूरी कालोनी कहाँ बसी थी?

(ग) छोटू के पिताजी कौन-सा कार्य करते थे?

(घ) ज़मीन पर उतरे अंतरिक्ष-यान से क्या बाहर निकला?

(ङ) छोटू अपनी किस इच्छा को नहीं रोक सका?

(च) 'नासा' का पूर्ण नाम लिखिए।

(छ) मंगल की धरती पर उतरे अंतरिक्ष-यान का नाम क्या था?

2 लघु उत्तरीय प्रश्न

(क) छोटू को उसके पिताजी ने स्पेस-सूट की क्या उपयोगिता बताई थी?

(ख) टीवी स्क्रीन पर गतिशील बिंदु को देखकर छोटू के पापा को किस बात का संदेह हुआ और वह किस सोच में डूब गए?

(ग) 'पार नज़र के' पाठ में नंबर एक, नंबर दो और नंबर तीन के रूप में वर्णित तीनों व्यक्तियों का संबंध किस-किस क्षेत्र से था?

(घ) छोटू के लिए सबसे महत्त्वपूर्ण दिन कौन-सा था और क्यों?

(ङ) कॉन्सोल पर लगे लाल बटन को दबाने से अंतरिक्ष-यान पर क्या प्रभाव पड़ा?

(च) पृथ्वी के वैज्ञानिक कौन-सा अध्ययन करने के लिए अति उत्सुक थे और उन्हें किस बात की उम्मीद थी?

3 दीर्घ उत्तरीय प्रश्न

(क) आज मंगल ग्रह के निवासी ज़मीन के नीचे क्यों रहते हैं, जबकि पहले वे भी ज़मीन के ऊपर ही रहते थे? पाठ के आधार पर प्रश्न का विस्तारपूर्वक उत्तर दीजिए।

(ख) मंगल ग्रह वासियों ने अपने तकनीकी ज्ञान के आधार पर क्या किया तथा वे यंत्रों का प्रयोग किस कार्य के लिए करते हैं?

(ग) कालोनी की प्रबंध समिति की सभा बुलाने के पीछे क्या कारण था? विस्तार से बताइए।

4 निम्नलिखित गद्यांशों को ध्यानपूर्वक पढ़कर पूछे गए प्रश्नों के सही उत्तर दीजिए

(1) सुरंग में जगह-जगह लगाए गए निरीक्षक यंत्रों की जानकारी छोटू को नहीं थी। मगर छोटू के प्रवेश करते ही पहले निरीक्षक यंत्र में संदेहास्पद स्थिति दर्शाने वाली हरकत हुई, इतने छोटे कद का व्यक्ति सुरंग में कैसे आया? दूसरे निरीक्षक यंत्र ने तुरंत छोटू की तस्वीर खींच ली। किसी एक नियंत्रण केंद्र में इस तस्वीर की जाँच की गई और खतरे की सूचना दी गई।

(क) छोटू को किस बात की जानकारी नहीं थी?

(ख) सुरंग में छोटू के प्रवेश करते ही पहले निरीक्षक यंत्र में कैसी हरकत हुई?

(ग) दूसरे निरीक्षक यंत्र ने क्या किया?

(घ) 'प्रवेश' का विलोम शब्द होगा

(i) आवेश ☐ (ii) निर्वेश ☐

(iii) निकास ☐ (iv) बाहरी ☐

(ङ) 'हरकत' शब्द का अन्य अर्थ होगा

(i) हिकमत ☐ (ii) हिदायत ☐

(iii) फ़ज़ीहत ☐ (iv) हलचल ☐

(2) दूसरे दिन छोटू के पापा काम पर चले गए। देखा तो कंट्रोल रूम का वातावरण बदला-बदला सा था। शिफ़्ट खत्म कर घर जा रहे स्टाफ़ के प्रमुख ने टीवी स्क्रीन की तरफ़ इशारा किया। स्क्रीन पर एक बिंदु झलक रहा था। वह बताने लगा, "यह कोई आसमान का तारा नहीं है, क्योंकि कंप्यूटर से पता चल रहा है कि यह अपनी जगह अडिग नहीं रहा है। पिछले कुछ घंटों के दौरान इसने अपनी जगह बदली है। कंप्यूटर के अनुसार यह हमारी धरती की तरफ़ बढ़ता चला आ रहा है।"

(क) दूसरे दिन कंट्रोल रूम का वातावरण कैसा था?

____

(ख) टीवी स्क्रीन पर क्या झलक रहा था?

____

(ग) आसमान के तारे की क्या विशेषता होती है?

____

(घ) 'रूम' शब्द है

(i) तत्सम ☐ (ii) तद्भव ☐

(iii) देशज ☐ (iv) विदेशज ☐

(ङ) 'स्क्रीन' को हिंदी भाषा में कहते हैं

(i) लोहपथ ☐ (ii) कंप्यूटर ☐

(iii) संगणक ☐ (iv) पर्दा ☐

5 निम्नलिखित बहुविकल्पीय प्रश्नों के उत्तर दीजिए

(क) सुरंगनुमा रास्ते में प्रवेश के लिए किसका प्रयोग किया जाता था?

(i) सिक्के का ☐ (ii) टिकट का ☐

(iii) स्मार्ट-कार्ड का ☐ (iv) सिक्योरिटी-पास का ☐

(ख) छोटू के पापा एक खास किस्म का सूट पहनकर काम पर जाते थे, जिसे कहते हैं

(i) बेट-सूट ☐ (ii) स्पेस-सूट ☐

(iii) रेन-सूट ☐ (iv) अर्थ-सूट ☐

(ग) 'पार नज़र के' पाठ में किस ग्रह के निवासियों की कथा का वर्णन है?

(i) शनि ☐ (ii) बुद्ध ☐

(iii) प्लूटो ☐ (iv) मंगल ☐

(घ) छोटू के पापा ने उसे कई बटन वाली कौन-सी चीज़ दिखाई?

(i) कॉन्सोल ☐ (ii) अंतरिक्ष-यान ☐

(iii) स्पेस-सूट ☐ (iv) इनमें से कोई नहीं ☐

6 निम्नलिखित वाक्यों में सही के सामने सही (✓) तथा गलत के सामने गलत (✗) का चिह्न लगाइए

(क) छोटू, पापा का सिक्योरिटी-पास लेकर सुरंग की ओर चल दिया। ☐

(ख) सिपाही ने छोटू की की खूब पिटाई की। ☐

(ग) सूरज में परिवर्तन होते ही मंगल ग्रह का प्राकृतिक संतुलन बिगड़ गया। ☐

(घ) मंगल पर उतरा अंतरिक्ष-यान पृथ्वी से छोड़ा गया था। ☐

(ङ) नासा के तकनीशियनों को स्वयं मंगल ग्रह पर जाकर वाइकिंग को दुरुस्त करने में सफलता मिली। ☐

7 किसने, किससे कहा

(क) "कितनी बार कहा है तुमसे कि उस तरफ मत जाया करो।"

किसने कहा ________________

किससे कहा ________________

(ख) "बड़ा हो जाऊँगा तो मैं भी यही काम करुँगा।"

किसने कहा ________________

किससे कहा ________________

(ग) "अभी नहीं बताया जा सकता। दूर से ही उसका निरीक्षण जारी है......वक्त आने पर ही हम अगला कदम उठाएँगे।"

किसने कहा ________________

किससे कहा ________________

8 कल्पना कीजिए

(क) कल्पना कीजिए यदि आपको मंगल ग्रह पर जाने का अवसर मिलता है, तो आप क्या-क्या तैयारियाँ करेंगे।

____

____

(खा) कल्पना कीजिए और बताइए कि पृथ्वी तथा अन्य ग्रहों के मध्य में क्या-क्या अंतर होंगे।

____

____

[अध्याय 7]

साथी हाथ बढ़ाना (गीत)

साहिर लुधियानवी

1 अतिलघु उत्तरीय प्रश्न

(क) 'साथी हाथ बढ़ाना' शीर्षक गीत में मेहनत करने वाले लोग किस वर्ग से हैं?

(ख) 'साथी हाथ बढ़ाना' गीत के आधार पर बताइए कि पर्वत ने सीस कब झुकाया?

(ग) मेहनत करने वाले लोग चाहें तो, कहाँ राहें पैदा कर सकते हैं?

(घ) 'साथी हाथ बढ़ाना' गीत के गीतकार ने मिलकर बोझ उठाने की शिक्षा क्यों दी है?

2 लघु उत्तरीय प्रश्न

(क) 'साथी हाथ बढ़ाना' गीत के आधार पर बताइए कि एकजुट होकर परिश्रम करने से क्या-क्या संभव हो सकता है?

(ख) प्रस्तुत गीत में किसको फ़ौलादी कहा गया है और क्यों?

(ग) गीतकार ने मंज़िल को सच की मंजिल तथा रास्ते को नेक क्यों कहा है?

(घ) 'साथी हाथ बढ़ाना' गीत का मूल उद्देश्य अपने शब्दों में लिखिए।

3 निम्नलिखित काव्यांशों को ध्यानपूर्वक पढ़ते हुए दिए गए प्रश्नों के उत्तर लिखिए

(1) मेहनत अपने लेख की रेखा, मेहनत से क्या डरना
कल गैरों की खातिर की, आज अपनी खातिर करना
अपना दु:ख भी एक है साथी, अपना सुख भी एक
अपनी मंज़िल सच की मंज़िल, अपना रस्ता नेक
साथी हाथ बढ़ाना।

(क) गीतकार ने मेहनत को क्या कहा है?

(ख) गीतकार ने सुख-दु:ख के संबंध में क्या बात कही है?

(ग) हमारी मंज़िल कैसी है?

(घ) 'खातिर' शब्द है

(i) तत्सम ☐ (ii) तद्भव ☐
(iii) देशज ☐ (iv) विदेशज ☐

(ङ) 'मंज़िल' का पर्यायवाची शब्द है

(i) रास्ता ☐ (ii) मार्ग ☐
(iii) लक्ष्य ☐ (iv) ये सभी ☐

(2) एक से एक मिले तो कतरा, बन जाता है दरिया
एक से एक मिले तो ज़र्रा, बन जाता है सेहरा
एक से एक मिले तो राई, बन सकती है परबत
एक से एक मिले तो इंसाँ, बस में कर ले किस्मत
साथी हाथ बढ़ाना।

(क) बूँद-बूँद के मिलने से किसका निर्माण होता है?

(ख) इंसान अपने भाग्य को वश में किस प्रकार कर सकता है?

(ग) उपरोक्त काव्यांश में गीतकार ने किस ओर संकेत किया है?

(घ) 'दरिया' शब्द है

(i) तत्सम ☐ (ii) तद्भव ☐
(iii) देशज ☐ (iv) विदेशज ☐

(ङ) 'एक' शब्द का विलोम है

(i) एकाएक ☐ (ii) प्रत्येक ☐
(iii) अनेक ☐ (iv) अनेका ☐

4 निम्नलिखित बहुविकल्पीय प्रश्नों के उत्तर दीजिए

(क) हमें किससे नहीं डरना चाहिए?

(i) दंगे करने वालों से ☐ (ii) परिश्रम करने से ☐

(iii) बुरे व्यक्तियों से ☐ (iv) इनमें से कोई नहीं ☐

(ख) 'कल गैरों की खातिर की'-यहाँ 'गैरो' का प्रयोग किसके लिए किया गया होगा?

(i) जानवरों के लिए ☐ (ii) अंग्रेज़ों के लिए ☐

(iii) अपने पड़ोसियों के लिए ☐ (iv) स्वयं के लिए ☐

(ग) गीतकार ने मंज़िल पाने के लिए कैसा रास्ता चुनने की शिक्षा दी है?

(i) छोटा ☐ (ii) बड़ा ☐

(iii) भला ☐ (iv) बुरा ☐

(घ) एक-से-एक मिलकर राई किसका रूप ले लेती हैं?

(i) गुफा का ☐ (ii) चट्टान का ☐

(iii) पर्वत का ☐ (iv) पठार का ☐

5 आशय स्पष्ट कीजिए

(क) हम मेहनत वालों ने जब भी, मिलकर कदम बढ़ाया

____

____

(ख) फ़ौलादी हैं सीने अपने, फ़ौलादी हैं बाँहें

____

____

(ग) अपनी मंज़िल सच की मंज़िल, अपना रस्ता नेक

____

____

6 कल्पना कीजिए

(क) कल्पना के आधार पर बताइए कि मेहनत और सभी लोगों के साथ मिलकर आप कौन-कौन से जटिल कार्य को भी सरलता से कैसे कर सकते हैं।

____

____

(ख) यदि आप किसी विषय के कमज़ोर छात्र हैं, तो अपने सहपाठियों का साथ पाकर तथा मेहनत करके उस विषय पर अपनी पकड़ किस प्रकार मज़बूत कर सकते हैं? कल्पना के आधार पर उत्तर दीजिए।

____

____

ऐसे-ऐसे

विष्णु प्रभाकर

1 अतिलघु उत्तरीय प्रश्न

(क) मोहन ने अपने पिताजी के दफ़्तर में क्या-क्या खाया था?

(ख) वैद्य जी ने मोहन की नाड़ी दबाकर उसे कौन-सी बीमारी बताई थी?

(ग) डॉक्टर ने मोहन के पेट दर्द के संबंध में किन दो बीमारियों को नकारा था?

(घ) पड़ोसिन ने मोहन की बीमारी के पीछे क्या कारण बताया था?

(ङ) वैद्य जी और डॉक्टर दोनों को मिलाकर मोहन के इलाज पर कुल कितना खर्च हुआ था?

2 लघु उत्तरीय प्रश्न

(क) 'ऐसे-ऐसे' एकांकी में 'हँसी-की-हँसी, दु:ख-का-दु:ख', यह संवाद किसके द्वारा बोला गया और क्यों?

(ख) प्रस्तुत पाठ में दीनानाथ जी ने मोहन के स्वभाव के प्रति क्या कहा है?

(ग) मोहन ने पेट दर्द का बहाना क्यों बनाया था? स्पष्ट कीजिए।

(घ) मोहन का स्कूल का काम पूरा न होने के पीछे क्या कारण था?

(ङ) जब मोहन के पेट दर्द की सच्चाई का पता चला, तब उसके पिताजी की क्या प्रतिक्रिया थी?

3 दीर्घ उत्तरीय प्रश्न

(क) मोहन की झूठी बीमारी के कारण उसकी माँ की परेशानी का वर्णन कीजिए।

(ख) मोहन की बीमारी को किसने पहचाना और उसके उपचार के क्या उपाय बताए? स्पष्ट कीजिए।

4 निम्नलिखित गद्यांशों को ध्यानपूर्वक पढ़ते हुए दिए गए प्रश्नों के उत्तर लिखिए

(1) न-न मेरे बेटे, मेरे लाल, ऐसे नहीं। अजी, ज़रा देखना, डॉक्टर क्यों नहीं आया! इसे तो कुछ ज़्यादा ही तकलीफ़ जान पड़ती है। यह 'ऐसे-ऐसे' तो कोई बड़ी खराब बीमारी है। देखो न, कैसे लोट रहा है! ज़रा भी कल नहीं पड़ती। हींग, चूरन, पिपरमेंट-सब दे चुकी हूँ। वैद्य जी आ जाते!

(क) उपरोक्त संवाद किसके द्वारा कहा गया है?

(ख) उपरोक्त गद्यांश में किसकी तकलीफ़ की बात की गई है?

(ग) बड़ी खराब बीमारी का क्या नाम है?

(घ) 'पिपरमेंट' शब्द है

(i) तत्सम ☐ (ii) तद्‌भव ☐

(iii) आगत ☐ (iv) देशज ☐

(ङ) उपर्युक्त गद्यांश में 'कल' शब्द का अर्थ क्या है?

(i) आराम ☐ (ii) आने वाला कल ☐

(iii) बीता हुआ कल ☐ (iv) मशीन और उसके पुर्ज़े ☐

(2) "मैंने कहा न, मैं समझ गया। अभी पुड़िया भेजता हूँ। मामूली बात है, पर यही मामूली बात कभी-कभी बड़ों-बड़ों को छका देती है। समझने की बात है। मैंने कहा, आओ जी, दीनानाथ जी, आप ही पुड़िया ले लो। आधे-आधे घंटे बाद गर्म पानी से देनी है। दो-तीन दस्त होंगे। बस फिर 'ऐसे-ऐसे' ऐसे भागेगा जैसे गधे के सिर से सींग!"

(क) उपरोक्त कथन किसके द्वारा कहा गया है?

(ख) मामूली बात कभी-कभी किसको छका देती है?

(ग) पुड़िया को कितने घंटे के अंतराल में और कैसे देने की बात कही गई है?

(घ) 'मामूली' शब्द किस भाषा का है?

(i) अंग्रेज़ी ☐ (ii) हिंदी ☐

(iii) उर्दू ☐ (iv) संस्कृत ☐

(ङ) 'सींग' का तत्सम शब्द है

(i) सींघ ☐ (ii) सिंग ☐

(iii) सिंघ ☐ (iv) शृंग ☐

5 निम्नलिखित बहुविकल्पीय प्रश्नों के उत्तर दीजिए

(क) मोहन की उम्र लगभग कितने वर्ष थी और वह किस कक्षा में पढ़ता था?

(i) 7-8 वर्ष—दूसरी कक्षा ☐ (ii) 8-9 वर्ष—तीसरी कक्षा ☐

(iii) 9-10 वर्ष—चौथी कक्षा ☐ (iv) 10-11 वर्ष—पाँचवीं कक्षा ☐

(ख) मोहन के पेट में 'ऐसे-ऐसे' होना कहाँ से आरंभ हुआ?

(i) घर से ☐ (ii) स्कूल से ☐

(iii) दफ़्तर से ☐ (iv) बस अड्डे से ☐

(ग) मोहन की बीमारी के प्राथमिक उपचार के लिए उसकी माँ ने निम्न में से किसका प्रयोग नहीं किया था?

(i) हींग ☐ (ii) पिपरमेंट ☐

(iii) चूरन ☐ (iv) हल्दी ☐

(घ) मास्टर जी ने मोहन को दो दिन की छुट्टी देने का फ़ैसला क्यों किया?

(i) क्योंकि उसकी तबीयत ठीक हो जाए ☐

(ii) क्योंकि वह अपना स्कूल का कार्य पूरा कर ले ☐

(iii) क्योंकि वह स्कूल में बहुत शरारत करता था ☐

(iv) उपरोक्त में से कोई नहीं ☐

(ङ) मोहन की बीमारी के उपचार के लिए किसे बुलाया गया था?

(i) डॉक्टर को ☐ (ii) वैद्य को ☐

(iii) पड़ोसी को ☐ (iv) (i) और (ii) दोनों को ☐

6 निम्नलिखित वाक्यों में सही के सामने सही (✓) तथा गलत के सामने गलत (✗) का चिह्न लगाइए

(क) मोहन बहुत ही शरारती बालक था। ☐

(ख) मोहन के पिताजी ने वैद्य को भेंट के तौर पर सोने का सिक्का दिया। ☐

(ग) मोहन की बीमारी का सही पता डॉक्टर ने लगा लिया था। ☐

(घ) मोहन की बीमारी की दवा मात्र मास्टर जी के ही पास थी। ☐

(ङ) मोहन की माँ को मोहन के झूठ पर तनिक भी संदेह नहीं था। ☐

7 कल्पना कीजिए

(क) मोहन ने पेट में 'ऐसे ऐसे' नामक बीमारी का ही बहाना क्यों बनाया होगा? यदि आप मोहन की जगह होते तो आप क्या-क्या बहाने बनाते?

(ख) बीमारी का झूठा नाटक करने के बाद जब दो दिनों के बाद स्कूल गया होगा तो मोहन के प्रति सहपाठियों और शिक्षकों का व्यवहार कैसा रहा होगा?

टिकट-अलबम

सुंदरा रामस्वामी [अनुवादक-सुमति अय्यर]

1 अतिलघु उत्तरीय प्रश्न

(क) नागराजन को किसने और कहाँ से अलबम भिजवाया था?

(ख) नागराजन के अलबम को देखने के पश्चात् सबने राजप्पा के अलबम को क्या कहा?

(ग) नागराजन के अलबम के प्रथम पृष्ठ पर क्या लिखा था?

(घ) नागराजन के पिताजी कहाँ काम करते थे?

(ङ) नागराजन क्यों रो रहा था?

(च) नागराजन को राजप्पा की किस बात पर यकीन नहीं आ रहा था?

(छ) नागराजन का पूरा नाम क्या था?

2 लघु उत्तरीय प्रश्न

(क) नागराजन अपने साथियों को अलबम कैसे दिखाया करता था?

(ख) राजप्पा के अलबम की शान क्यों घट गई थी?

(ग) राजप्पा की तुलना मधुमक्खी से क्यों की गई है?

(घ) राजप्पा द्वारा अलबम चुराने का कारण स्पष्ट कीजिए।

(ङ) अप्पू की किस बात से राजप्पा के मन में डर बैठ गया था?

3 दीर्घ उत्तरीय प्रश्न

(क) नागराजन के अलबम को ज़्यादा महत्त्व मिलने के कारण राजप्पा के व्यवहार में क्या-क्या परिवर्तन आए? स्पष्ट कीजिए।

(ख) राजप्पा ने किस प्रकार नागराजन का अलबम चुराया और किस कारण से उसे जला दिया?

4 निम्नलिखित गद्यांशों को ध्यानपूर्वक पढ़ते हुए दिए गए प्रश्नों के उत्तर लिखिए

(1) राजप्पा ने नागराजन के अलबम को देखने की इच्छा कभी नहीं प्रकट की, लेकिन जब दूसरे लड़के उसे देख रहे होते तो वह नीची आँखों से देख लेता। सचमुच नागराजन का अलबम बेहद प्यारा था, पर राजप्पा के पास जितने टिकट थे, उतने नागराजन के अलबम में नहीं थे, पर खुद उसका अलबम ही कितना प्यारा था। उसे छू लेना ही कोई बड़ी बात थी। इस तरह का अलबम यहाँ थोड़ी मिलेगा।

(क) राजप्पा ने कौन-सी चीज़ को देखने की इच्छा कभी प्रकट नहीं की?

(ख) वास्तव में नागराजन का अलबम कैसा था?

(ग) राजप्पा और नागराजन में से किसके पास अलबम के ज़्यादा टिकट थे?

(घ) 'खुद' शब्द के लिए प्रयोग में लाए जाने वाला अन्य शब्द है

(i) दूसरा ☐ (ii) स्वयं ☐
(iii) हमारा ☐ (iv) तुम्हारा ☐

(ङ) 'बेहद' शब्द किस भाषा का शब्द है?

(i) हिंदी ☐ (ii) संस्कृत ☐
(iii) अंग्रेज़ी ☐ (iv) उर्दू ☐

(2) उस दिन शाम उसने जैसे तय कर लिया था, वह नागराजन के घर गया। अब कोई कितना अपमान सहे! नागराजन के हाथ अचानक एक अलबम लगा है, बस यही ना। वह क्या जाने टिकट कैसे जमा किए जाते हैं! एक-एक टिकट की क्या कीमत होती है, वह भला क्या समझे! सोचता होगा टिकट जितना बड़ा होगा, वह उतना ही कीमती होगा या फिर यह सोचता होगा, बड़े देश का टिकट कीमती होगा। वह भला क्या समझे!

(क) नागराजन के घर कौन गया था?

(ख) नागराजन के हाथ अचानक क्या लगा?

(ग) उपर्युक्त गद्यांश के अनुसार नागराजन टिकट के बारे में क्या सोचता होगा?

(घ) 'अपमान' का विलोमार्थी शब्द होगा

(i) अवमानना ☐ (ii) परोपकार ☐
(iii) सम्मान ☐ (iv) प्रमाण ☐

(ङ) 'हाथ' का पर्यायवाची शब्द नहीं है

(i) कर ☐ (ii) हस्त ☐
(iii) पाणि ☐ (iv) हस्ती ☐

5 बहुविकल्पीय प्रश्न

(क) कृष्णन ने राजप्पा के अलबम को क्या कहा?

(i) बेकार ☐ (ii) अच्छा ☐
(iii) कूड़ा ☐ (iv) सुंदर ☐

(ख) नागराजन ने कवर चढ़ाकर अलबम किसे दिया?

(i) कामाक्षी को ☐ (ii) मीनाक्षी को ☐
(iii) पार्वती को ☐ (iv) जानकी को ☐

(ग) राजप्पा ने पाकिस्तान के दो टिकटों के बदले किस देश का एक टिकट लिया था?

(i) ऑस्ट्रेलिया ☐ (ii) रूस ☐
(iii) चीन ☐ (iv) सिंगापुर ☐

(घ) सरपंच के लड़के ने राजप्पा का अलबम कितने रुपये में खरीदना चाहा था?

(i) ₹ 20 ☐ (ii) ₹ 30 ☐
(iii) ₹ 35 ☐ (iv) ₹ 25 ☐

(ङ) नागराजन की बहन का क्या नाम था?

(i) मीनाक्षी ☐ (ii) कामाक्षी ☐
(iii) दीपाक्षी ☐ (iv) सोनाक्षी ☐

(च) राजप्पा नागराजन का अलबम कहाँ छिपाकर लाया था?

(i) निक्कर की जेब में ☐ (ii) कमीज़ के नीचे खोंसकर ☐
(iii) रूमाल के अंदर ☐ (iv) इनमें से कोई नहीं ☐

6 निम्नलिखित वाक्यों में सही के सामने सही (✓) तथा गलत के सामने गलत (×) का चिह्न लगाइए

(क) नागराजन के अलबम के पहले पृष्ठ पर उसके चाचा ने कुछ लिख रखा था। ☐

(ख) कृष्णन ने राजप्पा को ईर्ष्यालु कहा था। ☐

(ग) अलबम चोरी करने में कामाक्षी ने राजप्पा का साथ दिया था। ☐

(घ) नागराजन के अलबम जल जाने के पश्चात् राजप्पा अत्यंत प्रसन्न हो उठा था। ☐

(ङ) राजप्पा ने नागराजन को अपना अलबम देने का निश्चय किया था। ☐

7 किसने, किससे कहा

(क) "मैं काहे को जलूँ? जले तेरा खानदान। मेरा अलबम उसके अलबम से कहीं बड़ा है।"

किसने कहा ______

किससे कहा ______

(ख) "भैया शहर गया है। अरे हाँ, तुमने भैया का अलबम देखा?"

किसने कहा ______

किससे कहा ______

(ग) "उसके पापा डी. एस. पी. दफ़्तर में ही तो काम करते हैं।"

किसने कहा ______

किससे कहा ______

(घ) "लो यह रहा मेरा अलबम। अब इसे तुम रख लो।"

किसने कहा ______

किससे कहा ______

8 कल्पना कीजिए

(क) कल्पना कीजिए यदि आप राजप्पा के स्थान पर होते तो आप नागराजन की अलबम के साथ क्या करते?

______

______

(ख) जो टिकट अलबम राजप्पा को सबसे अधिक प्रिय थी, वह टिकट अलबम राजप्पा ने नागराजन को देने का निश्चय क्यों किया होगा? सोचकर बताइए।

______

______

झाँसी की रानी

सुभद्रा कुमारी चौहान

1 अतिलघु उत्तरीय प्रश्न

(क) नाना की मुँहबोली बहन कौन थी?

(ख) कौन-कौन सी वस्तुएँ बचपन में लक्ष्मीबाई की सहेलियाँ थीं?

(ग) रानी लक्ष्मीबाई को किसकी गाथाएँ ज़बानी याद थीं?

(घ) लक्ष्मीबाई की तलवारों के वार देख कौन खुश होते थे?

(ङ) राजाओं-नवाबों को किसने पैरों से ठुकरा दिया था?

(च) सौ मील लगातार घोड़े से चलने के पश्चात् रानी लक्ष्मीबाई कहाँ पहुँची?

(छ) अंग्रेज़ों के किस मित्र ने ग्वालियर छोड़ दिया था?

(ज) लक्ष्मीबाई की कौन-सी दो सखियों ने युद्ध क्षेत्र में भारी तबाही मचाई थी?

(झ) उन अंग्रेज़ अधिकारियों के नाम लिखिए, जिनसे रानी लक्ष्मीबाई युद्ध में भिड़ी थीं?

(ञ) वीरगति को प्राप्त लक्ष्मीबाई की दिव्य सवारी क्या थी?

2 लघु उत्तरीय प्रश्न

(क) बचपन से ही रानी लक्ष्मीबाई के प्रिय खेल कौन-कौन से थे? इन खेलों से उनके किस स्वभाव का पता चलता है?

(ख) झाँसी के राजा के निधन के बाद अंग्रेज़ों ने भारत के किन-किन प्रांतों पर अधिकार जमा लिया था?

(ग) अंग्रेज़ों के अख़बार में सरेआम क्या छापा जाता था? उदाहरण सहित बताइए।

(घ) नाना किस प्रकार के सामान जुटा रहे थे और क्यों?

(ङ) स्वतंत्रता की चिंगारी भारत में किस प्रकार फैलने लगी?

(च) झाँसी के राजा के निधन के बाद लक्ष्मीबाई के साथ-साथ झाँसी पर अंग्रेज़ों ने क्या-क्या अत्याचार किए? विस्तार से वर्णन कीजिए।

(छ) रानी लक्ष्मीबाई की वीरता का वर्णन करते हुए बताइए कि उन्होंने अंग्रेज़ों का सामना किस प्रकार किया और उसका परिणाम भी स्पष्ट कीजिए?

(ज) रानी लक्ष्मीबाई के बलिदान से आपके मन में कैसे भाव जागते हैं? अपने विचार प्रस्तुत कीजिए।

3 निम्नलिखित काव्यांशों को ध्यानपूर्वक पढ़ते हुए दिए गए प्रश्नों के उत्तर लिखिए

(1)

सिंहासन हिल उठे, राजवंशों ने भृकुटी तानी थी,
बूढ़े भारत में भी आई फिर से नयी जवानी थी,
गुमी हुई आज़ादी की कीमत सबने पहचानी थी,
दूर फ़िरंगी को करने की सबने मन में ठानी थी,
चमक उठी सन् सत्तावन में वह तलवार पुरानी थी।
बुंदेले हरबोलों के मुँह हमने सुनी कहानी थी।
खूब लड़ी मर्दानी वह तो झाँसी वाली रानी थी।।

(क) उपरोक्त काव्यांश के रचनाकार कौन हैं?

(ख) बूढ़े भारत में नई जवानी किसके माध्यम से आई थी?

(ग) सभी लोगों ने अपने मन में क्या निश्चय कर लिया था?

(घ) 'पुरानी' का विलोम शब्द होगा

(i) ऐतिहासिक ☐ (ii) पौराणिक ☐

(iii) नई ☐ (iv) आदि ☐

(ङ) 'भृकुटी' शब्द का अर्थ होगा

(i) कुटिया ☐ (ii) भौंह ☐

(iii) कंधा ☐ (iv) छाती ☐

(2)

उदित हुआ सौभाग्य, मुदित महलों में उजयाली छाई,
किंतु कालगति चुपके-चुपके काली घटा घेर लाई,
तीर चलाने वाले कर में उसे चूड़ियाँ कब भाईं,
रानी विधवा हुई हाय! विधि को भी नहीं दया आई,
नि:संतान मरे राजा जी, रानी शोक-समानी थी।
बुंदेले हरबोलों के मुँह हमने सुनी कहानी थी।
खूब लड़ी मर्दानी वह तो झाँसी वाली रानी थी।।

(क) कालगति ने रानी लक्ष्मीबाई के जीवन में क्या अनर्थ किया?

(ख) रानी लक्ष्मीबाई पर किसको दया नहीं आई?

(ग) उपरोक्त काव्यांश में किसके नि:संतान मरने की बात कही गई है?

(घ) 'घटा-तीर' का अर्थ बताने वाला संगत सार्थक युग्म होगा

(i) बादल-तैरना ☐ (ii) घटाना-तैरना ☐

(iii) बादल-बाण ☐ (iv) इनमें से कोई नहीं ☐

(ङ) 'शोक' का पर्यायवाची शब्द नहीं है

(i) शोख ☐ (ii) दु:ख ☐

(iii) विषाद ☐ (iv) उदासी ☐

(3) बुझा दीप झाँसी का तब डलहौज़ी मन में हरषाया,
राज्य हड़प करने का उसने यह अच्छा अवसर पाया,
फ़ौरन फ़ौजें भेज दुर्ग पर अपना झंडा फहराया,
लावारिस का वारिस बनकर ब्रिटिश राज्य झाँसी आया,
अश्रुपूर्ण रानी ने देखा, झाँसी हुई बिरानी थी।
बुंदेले हरबोलों के मुँह, हमने सुनी कहानी थी।
खूब लड़ी मर्दानी वह तो झाँसी वाली रानी थी।।

(क) उपरोक्त काव्यांश में 'झाँसी का दीप' किसके लिए प्रयोग किया गया है?

(ख) राज्य हड़पने का अच्छा मौका किसने पाया?

(ग) रानी लक्ष्मीबाई ने आँसू भरी आँखों से क्या देखा?

(घ) 'वारिस' शब्द किस भाषा से हिंदी में लिया गया है?
(i) उर्दू ☐ (ii) हिंदी ☐
(iii) संस्कृत ☐ (iv) अंग्रेज़ी ☐

(ङ) 'बिरानी' शब्द का पुल्लिंग रूप लिखिए।
(i) बिराना (ii) बिरानी
(iii) बिरानू (iv) बिरान

4 बहुविकल्पीय प्रश्न

(क) 'झाँसी की रानी' कविता में सन् सत्तावन का संबंध है
(i) सन् 1957 से ☐ (ii) सन् 1857 से ☐
(iii) सन् 1757 से ☐ (iv) सन् 1657 से ☐

(ख) भौंहें किसने तानी थी?
(i) अंग्रेज़ों ने ☐ (ii) बूढ़ों ने ☐
(iii) राजवंशों ने ☐ (iv) इनमें से कोई नहीं ☐

(ग) 'धुंधूपंत' के नाम से कौन जाने जाते हैं?
(i) ठाकुर कुँवर सिंह ☐ (ii) अहमद शाह मौलवी ☐
(iii) लक्ष्मीबाई के पिताजी ☐ (iv) इनमें से कोई नहीं ☐

(घ) लक्ष्मीबाई से युद्ध में ज़ख्मी होकर कौन भागा था?
(i) डलहौज़ी ☐ (ii) लेफ़्टिनेंट वॉकर ☐
(iii) जनरल स्मिथ ☐ (iv) ह्यूरोज़ ☐

(ङ) लक्ष्मीबाई को पीछे से आकर किसने घेर लिया था?

(i) ह्यूरोज़ ☐ (ii) डलहौज़ी ☐

(iii) लेफ़्टिनेंट वॉकर ☐ (iv) जनरल स्मिथ ☐

(च) कविता में घायल होकर भूमि पर गिरने वाली रानी लक्ष्मीबाई की तुलना किससे की गई है?

(i) हिरणी से ☐ (ii) हंसनी से ☐

(iii) सिंहनी से ☐ (iv) इनमें से कोई नहीं ☐

5 निम्नलिखित वाक्यों में सही के सामने सही (✓) तथा गलत के सामने गलत (✕) का चिह्न लगाइए

(क) अर्जुन की पत्नी का नाम चित्रा था। ☐

(ख) झाँसी के राजा की मृत्यु के पश्चात् डलहौज़ी बहुत दु:खी हो गया था। ☐

(ग) सिंधिया ने युद्ध में रानी लक्ष्मीबाई का साथ दिया था। ☐

(घ) रानी लक्ष्मीबाई जब वीरगति को प्राप्त हुईं, तब उनकी आयु 23 वर्ष थी। ☐

(ङ) रानी लक्ष्मीबाई के बलिदान ने भारतवासियों में स्वतंत्रता जगाने का काम किया। ☐

6 आशय स्पष्ट कीजिए

(क) अनुनय-विनय नहीं सुनता है, विकट फ़िरंगी की माया,

(ख) बुझा दीप झाँसी का तब डलहौज़ी मन में हरषाया,

(ग) तेरा स्मारक तू ही होगी, तू खुद अमिट निशानी थी।

7 कल्पना कीजिए

(क) कविता के आधार पर सन् सत्तावन के समय का वातावरण व परिस्थितियों की कल्पना करते हुए कुछ पंक्तियों में उत्तर दीजिए।

(ख) स्पष्ट कीजिए कि कवयित्री ने रानी लक्ष्मीबाई को 'मर्दानी' कहकर क्यो संबोधित किया होगा?

(ग) यदि आप रानी लक्ष्मी बाई के स्थान पर होते तो अंग्रेज़ों का सामना किस प्रकार करते?

जो देखकर भी नहीं देखते

हेलेन केलर

1 अतिलघु उत्तरीय प्रश्न

(क) लेखिका कभी-कभी अपने मित्रों की परीक्षा क्यों लेती है?

(ख) लेखिका ने अपनी मित्र से क्या प्रश्न किया?

(ग) लेखिका को किसी भी महँगे कालीन से अधिक प्रिय क्या है?

(घ) लेखिका के अनुसार मनुष्य किसकी कद्र नहीं करता है?

(ङ) लेखिका के अनुसार मनुष्य सदैव किस चीज़ की आस लगाए रहता है?

2 लघु उत्तरीय प्रश्न

(क) वसंत के दौरान लेखिका को कौन-सा काम अपार आनंद देता है?

(ख) लेखिका के कानों में कब और किसके मधुर स्वर गूँजने लगते हैं?

(ग) लेखिका ने 'जो देखकर भी नहीं देखते' निबंध में किस चीज़ को नियामत माना है और क्यों?

(घ) 'जो देखकर भी नहीं देखते' निबंध का क्या उद्देश्य है? अपने शब्दों में लिखिए।

3 दीर्घ उत्तरीय प्रश्न

(क) पाठ के आधार पर लेखिका के प्रकृति प्रेम का वर्णन विस्तार से कीजिए।

(ख) लेखिका के जीवन से आपको क्या प्रेरणा मिलती है? अपने शब्दों में वर्णन कीजिए।

4 निम्नलिखित गद्यांशों को ध्यानपूर्वक पढ़कर पूछे गए प्रश्नों के उत्तर दीजिए

(1) हाल ही में मेरी एक मित्र जंगल की सैर करने के बाद वापस लौटीं। मैंने उनसे पूछा, "आपने क्या-क्या देखा?" "कुछ खास तो नहीं", उनका जवाब था। मुझे बहुत अचरज नहीं हुआ, क्योंकि मैं अब इस तरह के उत्तरों की आदी हो चुकी हूँ। मेरा विश्वास है कि जिन लोगों की आँखें होती हैं, वे बहुत कम देखते हैं।

(क) लेखिका अपनी मित्र से किस स्थान के बारे में पूछती हैं?

(ख) लेखिका को उनके प्रश्न का जवाब मिलने के पश्चात् आश्चर्य क्यों नहीं हुआ?

(ग) लेखिका को क्या विश्वास है?

(घ) 'उत्तर' का अनेकार्थी शब्द-युग्म है

(i) उतरना-जवाब ☐ (ii) प्रश्न-जवाब ☐
(iii) दिशा-जवाब ☐ (iv) इनमें से कोई नहीं ☐

(ङ) 'आदी' का अर्थ लिखकर उसका वाक्य में प्रयोग कीजिए।

(2) क्या यह संभव है कि भला कोई जंगल में घंटाभर घूमे और फिर भी कोई विशेष चीज़ न देखे? मुझे-जिसे कुछ भी दिखाई नहीं देता-सैकड़ों रोचक चीज़ें मिलती हैं, जिन्हें मैं छूकर पहचान लेती हूँ। मैं भोज-पत्र के पेड़ की चिकनी छाल और चीड़ की खुरदरी छाल को स्पर्श से पहचान लेती हूँ। वसंत के दौरान मैं टहनियों में नई कलियाँ खोजती हूँ।

(क) लेखिका को कौन-सी बात असंभव लगती है?

(ख) लेखिका किन-किन चीज़ों को स्पर्श मात्र से पहचान लेती हैं?

(ग) लेखिका किस दौरान टहनियों में नई कलियाँ खोजती हैं?

(घ) 'स्पर्श' का विलोमार्थी होगा

(i) सुस्पर्श ☐ (ii) कुस्पर्श ☐

(iii) दुस्पर्श ☐ (iv) अस्पर्श ☐

(ङ) निम्न में से कौन-सा जंगल का पर्यायवाची शब्द है?

(i) नीर ☐ (ii) विपिन ☐

(iii) अंबु ☐ (iv) आरव ☐

5 निम्नलिखित बहुविकल्पीय प्रश्नों के उत्तर दीजिए

(क) 'जो देखकर भी नहीं देखते' निबंध की लेखिका कौन हैं?

(i) महादेवी वर्मा ☐ (ii) कृष्णा सोबती ☐

(iii) मंजुल भगत ☐ (iv) हेलेन केलर ☐

(ख) लेखिका की प्रिय मित्र कहाँ की सैर करने के बाद वापस लौटीं?

(i) आकाश की ☐ (ii) नदी की ☐

(iii) जंगल की ☐ (iv) इनमें से कोई नहीं ☐

(ग) लेखिका ने निबंध में खुरदरी छाल वाले किस पेड़ का उल्लेख किया है?

(i) चीड़ ☐ (ii) भोज-पत्र ☐

(iii) नीम ☐ (iv) पीपल ☐

(घ) लेखिका के अनुसार लोग किसे एक साधारण-सी चीज़ समझते हैं?

(i) इंद्रधनुषी रंगों को ☐ (ii) दृष्टि के आशीर्वाद को ☐

(iii) झरने के पानी को ☐ (iv) इनमें से कोई नहीं ☐

6 निम्नलिखित वाक्यों में सही के सामने सही (✓) तथा गलत के सामने गलत (✗) का चिह्न लगाइए

(क) भोज-पत्र के पेड़ की छाल चिकनी होती है। ☐

(ख) लेखिका को अँगुलियों के बीच झरने के पानी का बहना आनंदित करता था। ☐

(ग) मौसम के बदलने से लेखिका चिढ़ जाती थीं। ☐

(घ) लेखिका को चीज़ों की सुंदरता देखने का मलाल नहीं था। ☐

(ङ) लेखिका के अनुसार अलग-अलग सुंदर रंग आँख वाले लोगों की संवेदना को नहीं छूते। ☐

7 कल्पना कीजिए

(क) हम किसी वस्तु को देखकर उसका आकार, भार जानकर उसकी पहचान कर पाने में सक्षम है, परंतु जिन लोगों के पास दृष्टि नहीं है, वे किस प्रकार से किसी वस्तु की पहचान करते होंगे? अपनी कल्पना के आधार पर बताइए।

____

(ख) अपनी कल्पना के आधार पर बताइए कि जिन व्यक्तियों के पास दृष्टि नहीं होती होगी, उन्हें किन-किन समस्याओं का सामना प्रतिदिन करना पड़ता होगा।

____

(अध्याय 12)

संसार पुस्तक है

जवाहरलाल नेहरू [अनुवादक–प्रेमचंद]

1 अतिलघु उत्तरीय प्रश्न

(क) पाठ के रूप में प्रस्तुत पत्र किस स्थान से लिखा गया है?

(ख) लेखक पत्र में कहाँ की कथाएँ लिखा करते थे?

(ग) प्राचीनकाल में कोई जानदार चीज़ पृथ्वी पर क्यों नहीं रह सकती थी?

(घ) किसी भाषा को सीखने के लिए हमें सर्वप्रथम क्या सीखने की आवश्यकता होती है?

(ङ) यदि चट्टान को तोड़ा जाए तो उसके टुकड़े कैसे होंगे?

2 लघु उत्तरीय प्रश्न

(क) दुनिया के हाल से परिचित होने के लिए हमें किन-किन बातों का ध्यान रखना पड़ेगा?

(ख) पुराने ज़माने की लिखी हुई किताबें न होने पर भी किन-किन चीज़ों से दुनिया का पुराना हाल जाना जा सकता है?

(ग) प्रकृति के अक्षर पढ़ने से लेखक का क्या आशय है?

(घ) पाठ के आधार पर स्पष्ट कीजिए कि कैसे एक रोड़ा चमकीला, गोल और चिकना रूप ले लेता है?

(ङ) 'संसार पुस्तक है' पाठ के उद्देश्य को अपने शब्दों में व्यक्त कीजिए।

3 दीर्घ उत्तरीय प्रश्न

(क) लेखक ने लाखों-करोड़ों वर्ष पुरानी धरती के बारे में क्या बताया है?

(ख) क्या आप इस बात से सहमत हैं कि संसार एक पुस्तक है? यदि हाँ तो क्यों? कारण सहित विस्तार से वर्णन कीजिए।

4 निम्नलिखित गद्यांशों को ध्यानपूर्वक पढ़कर पूछे गए प्रश्नों के उत्तर लिखिए

(1) मुझे मालूम है कि इन छोटे-छोटे खतों में बहुत थोड़ी-सी बातें ही बतला सकता हूँ, लेकिन मुझे आशा है कि इन थोड़ी-सी बातों को भी तुम शौक से पढ़ोगी और समझोगी कि दुनिया एक है और दूसरे लोग जो इसमें आबाद हैं, हमारे भाई-बहन हैं। जब तुम बड़ी हो जाओगी तो तुम दुनिया और उसके आदमियों का हाल मोटी-मोटी किताबों में पढ़ोगी। उसमें तुम्हें जितना आनंद मिलेगा, उतना किसी कहानी या उपन्यास में भी न मिला होगा।

(क) उपरोक्त गद्यांश में लेखक ने खतों की किस सीमा का उल्लेख किया है?

(ख) लेखक के अनुसार दुनिया के विभिन्न हिस्सों में रहने वाले लोगों से हमारा क्या संबंध है?

(ग) लेखक ने मोटी-मोटी किताबों में क्या पढ़ने की बात बताई है?

(घ) 'खत' शब्द किस भाषा का है?

(i) हिंदी ☐ (ii) उर्दू ☐
(iii) संस्कृत ☐ (iv) डच ☐

(ङ) 'आशा' का विपरीतार्थक शब्द क्या होगा?

(i) उम्मीद ☐ (ii) निराशा ☐
(iii) दिलासा ☐ (iv) विलासा ☐

(2) तुम जानती ही हो कि यह धरती लाखों-करोड़ों वर्ष पुरानी है और बहुत दिनों तक इसमें कोई आदमी न था। आदमियों से पहले सिर्फ़ जानवर थे और जानवरों से पहले एक ऐसा समय था, जब इस धरती पर कोई जानदार चीज़ न थी। आज जब यह दुनिया हर तरह के जानवरों और आदमियों से भरी हुई है, उस ज़माने का खयाल करना भी मुश्किल है, जब यहाँ कुछ न था।

(क) आज किस ज़माने का खयाल करना भी मुश्किल है?

(ख) हमारी धरती कितने वर्ष पुरानी है?

(ग) आदमियों से पहले इस धरती पर कौन थे?

(घ) उपरोक्त गद्यांश में 'जानदार चीज़' का क्या अर्थ होगा?

(i) ठोस वस्तु ☐ (ii) निर्जीव वस्तु ☐
(iii) सजीव वस्तु ☐ (iv) ये सभी ☐

(ङ) 'खयाल करना' का आशय क्या है?

(i) देखना ☐ (ii) पढ़ना ☐
(iii) सोचना ☐ (iv) इनमें से कोई नहीं ☐

5 बहुविकल्पीय प्रश्न

(क) लेखक ने 'संसार पुस्तक है' नामक पत्र किसे लिखा था?

(i) इंदिरा को ☐ (ii) कस्तूरबा को ☐
(iii) मोनाली को ☐ (iv) सोनाली को ☐

(ख) लेखक ने इंग्लैंड को क्या बताया है?

(i) बड़ा देश ☐ (ii) महाद्वीप ☐
(iii) छोटा-सा टापू ☐ (iv) महादेश ☐

(ग) लेखक के अनुसार सड़क पर या पहाड़ के नीचे पड़ा हुआ रोड़ा किस पुस्तक का छोटा-सा पृष्ठ हो सकता है?

(i) संसार की पुस्तक का ☐ (ii) इतिहास की पुस्तक का ☐
(iii) विज्ञान की पुस्तक का ☐ (iv) इनमें से कोई नहीं ☐

(घ) छोटे-छोटे बच्चे किसके घरौंदे बनाते हैं?

(i) मिट्टी के ☐ (ii) ईंट के ☐
(iii) सीमेंट के ☐ (iv) बालू के ☐

6 निम्नलिखित वाक्यों में सही के सामने सही (✓) तथा गलत के सामने गलत (×) का चिह्न लगाइए

(क) पाठ के रूप में प्रस्तुत पत्र मसूरी भेजा गया था। ☐

(ख) वैज्ञानिकों के अनुसार एक समय यह धरती बेहद गरम थी। ☐

(ग) समुद्र से हमें दुनिया का पुराना हाल मालूम नहीं हो सकता है। ☐

(घ) चट्टानों की पुस्तक पढ़ने से पूर्व हमें प्रकृति के अक्षर पढ़ने की आवश्यकता है। ☐

(ङ) 'संसार पुस्तक है' पाठ के रूप में लिखे गए इस पत्र का अंग्रेज़ी से हिंदी अनुवाद जवाहरलाल नेहरू ने किया है। ☐

7 कल्पना कीजिए

(क) उस जमाने की कल्पना करके बताइए कि जब धरती पर न तो आदमी का वास था और न ही जानवरों का तब धरती का वातावरण कैसा रहा होगा?

(ख) पाठ में पुस्तक को संसाररूपी बताया गया है। आप पुस्तकों के अतिरिक्त किन-किन चीज़ों को संसाररूपी मानेंगे?

[अध्याय 13]

मैं सबसे छोटी होऊँ

सुमित्रानंदन पंत

1 अतिलघु उत्तरीय प्रश्न

(क) बच्ची अपने तन को किस प्रकार रखना चाहती है?

(ख) बच्ची को परियों की बात कैसी लगती है?

(ग) बच्ची बड़ी होकर क्या खोना नहीं चाहती है?

(घ) बच्ची कहाँ छिपी रहना चाहती है?

2 लघु उत्तरीय प्रश्न

(क) बच्ची के साथ कौन, किस प्रकार छल करता है?

(ख) बच्ची अपनी माँ के हाथों अपने लिए क्या-क्या काम करवाना चाहती है?

(ग) आप कैसे कह सकते हैं कि कविता में वर्णित बच्ची की माँ को स्वच्छता प्रिय है?

3 निम्नलिखित काव्यांश को ध्यानपूर्वक पढ़ते हुए दिए गए प्रश्नों के उत्तर लिखिए

मैं सबसे छोटी होऊँ, तेरी गोदी में सोऊँ, तेरा अंचल
पकड़-पकड़कर फिरूँ सदा माँ! तेरे साथ, कभी न छोड़ूँ
तेरा हाथ! बड़ा बनाकर पहले हमको तू पीछे छलती है मात!
हाथ पकड़ फिर सदा हमारे साथ नहीं फिरती दिन-रात!

(क) बच्ची के अनुसार किस बच्चे को माँ का सर्वाधिक प्यार मिलता है?

(ख) बच्ची को कहाँ सोना पसंद है?

(ग) बच्चों के बड़े होने के पश्चात् माता के व्यवहार में क्या परिवर्तन आ जाता है?

(घ) 'दिन-रात' में समास है

(i) तत्पुरुष ☐ (ii) कर्मधारय ☐
(iii) द्वंद्व ☐ (iv) द्विगु ☐

(ङ) 'अंचल' का सही अनेकार्थी शब्द युग्म है

(i) नदी का किनारा, पल्लू ☐ (ii) काजल, पल्लू ☐
(iii) पाँव, नदी का किनारा ☐ (iv) ये सभी ☐

4 बहुविकल्पीय प्रश्न

(क) बालिका सबसे छोटी रहना चाहती है, क्योंकि

(i) वह काम नहीं करना चाहती ☐ (ii) वह पढ़ना नहीं चाहती ☐
(iii) वह घूमना नहीं चाहती ☐ (iv) वह माँ की गोद में सोना चाहती है ☐

(ख) बालिका माँ का आँचल पकड़कर घूमना चाहती है, क्योंकि

(i) वह बड़ा होने से डरती है ☐ (ii) उसे अकेले घूमने में डर लगता है ☐
(iii) वह सदा माँ के साथ रहना चाहती है ☐ (iv) वह माँ का हाथ छोड़ते ही गिर जाती है ☐

(ग) बच्ची माँ से किसकी कहानी सुनना चाहती है?

(i) जानवरों की ☐ (ii) भूत-प्रेतों की ☐
(iii) परियों की ☐ (iv) प्रकृति की ☐

(घ) माँ के आँचल में रहकर बच्ची स्वयं को कैसा अनुभव करती है?

(i) अकेली एवं अशांत ☐ (ii) थकीहारी एवं डरी हुई ☐
(iii) इच्छारहित एवं भयरहित ☐ (iv) इनमें से कोई नहीं ☐

(ङ) बच्ची अपनी माँ से क्या दिखाने की इच्छा व्यक्त करती है?

(i) सर्योदय ☐ (ii) चंद्रोदय ☐
(iii) सूर्यास्त ☐ (iv) इनमें से कोई नहीं ☐

5 **निम्नलिखित वाक्यों में सही के सामने सही (✓) तथा गलत के सामने गलत (×) का चिह्न लगाइए**

(क) इस कविता के कवि सुमित्रानंदन पंत हैं। ☐

(ख) कवि ने कविता के माध्यम से बाल मन को प्रदर्शित किया है। ☐

(ग) कविता में छोटी बच्ची जल्दी बड़ी होना चाहती है। ☐

(घ) बच्ची को खिलौनों से खेलना अच्छा नहीं लगता। ☐

(ङ) बच्ची अपनी माँ से कभी अलग नहीं होना चाहती है। ☐

6 **आशय स्पष्ट कीजिए**

(क) बड़ा बनाकर पहले हमको, तू पीछे छलती है।

(ख) ऐसी बड़ी न होऊँ मैं, तेरा स्नेह न खोऊँ मैं।

(ग) छिपी रहूँ निस्पृह, निर्भय, कहूँ-दिखा दे चंद्रोदय।

7 **कल्पना कीजिए**

(क) कवि ने कविता के अंत में माँ से चंद्रोदय दिखा देने की ही बात क्यों कही होगी? सूर्योदय की बात क्यों नहीं कही होगी?

(ख) कविता में वर्णित बच्ची के स्थान पर आप होतीं तो आप क्या-क्या बातें करतीं?

(ग) 'मैं सबसे छोटी होऊँ' कविता के आधार पर बताइए कि बचपन मज़ेदार क्यों होता है?

(घ) कविता में बच्ची सदा छोटी रहना चाहती है; क्या यह वास्तव में संभव है? क्या आप भी कभी बड़े नहीं होना चाहते? कारण सहित उत्तर लिखिए।

[अध्याय 15]

नौकर

अनु बंद्योपाध्याय

1 अतिलघु उत्तरीय प्रश्न

(क) महात्मा गाँधी ने आश्रम में भी कौन-सा का काम जारी रखा था?

(ख) गेहूँ पीसने से पहले गाँधीजी किस बात पर ज़ोर देते थे?

(ग) रसोईघर में जाने पर गाँधीजी अपने साथियों को आड़े हाथों कब लेते थे?

(घ) आश्रम में बर्तनों की सफ़ाई का क्या नियम था?

(ङ) आश्रम के निर्माण के समय वहाँ आने वाले मेहमानों को कहाँ सोना पड़ता था?

2 लघु उत्तरीय प्रश्न

(क) आश्रमवासी बेस्वाद उबली हुई चीज़ों के बारे में कुछ क्यों नहीं कह पाते थे?

(ख) आश्रम के एक कार्यकर्ता ने ऐसा क्या किया कि उसे पछताना पड़ा?

(ग) रात को लिखते समय लालटेन का तेल खत्म हो जाने पर गाँधीजी अपना काम कैसे पूरा करते थे?

(घ) गाँधीजी ने श्रीमती पोलक की क्या मदद की और किस प्रकार?

(ङ) गाँधीजी को अंग्रेज़ों के किस प्रकार के व्यवहार को देखकर प्रसन्नता हुई थी?

3 दीर्घ उत्तरीय प्रश्न

(क) गाँधीजी स्वच्छता पर विशेष जोर देते थे। 'नौकर' पाठ के आधार पर सिद्ध कीजिए।

(ख) गाँधीजी समय का सदुपयोग करते थे। पाठ में वर्णित उदाहरणों के आधार पर स्पष्ट कीजिए

(ग) दक्षिण अफ्रीका में गाँधीजी ने गोखले की सेवा किस प्रकार से की?

(घ) कांग्रेस के अधिवेशन में गाँधीजी ने कांग्रेसी नेता का कौन-कौन सा कार्य किया और कैसे?

(ङ) गाँधीजी शारीरिक श्रम को महत्त्व देते थे। पाठ के आधार पर स्पष्ट कीजिए।

4 निम्नलिखित गद्यांशों को पढ़कर पूछे गए प्रश्नों के उत्तर दीजिए

(1) एक बार उनके पास कॉलेज के कोई छात्र मिलने आए। उनको अंग्रेज़ी भाषा के अपने ज्ञान का बड़ा गर्व था। गाँधीजी से बातचीत के अंत में वे बोले, "बापू, यदि मैं आपकी कोई सेवा कर सकूँ तो कृपया मुझे अवश्य बताएँ।" उन्हें आशा थी कि बापू उन्हें कुछ लिखने-पढ़ने का काम देंगे। गाँधीजी ने उनके मन की बात ताड़ ली और बोले, "अगर आपके पास समय हो, तो इस थाली के गेहूँ बीन डालिए।"आगंतुक बड़ी मुश्किल में पड़ गए, लेकिन अब तो कोई चारा नहीं था।

(क) गाँधीजी से कौन मिलने आया तथा उसे किस बात का बड़ा गर्व था?

(ख) गाँधीजी ने आगंतुकों के मन की कौन-सी बात ताड़ ली?

(ग) आगंतुक किस मुश्किल में पड़ गए?

(घ) 'कोई चारा न होना' मुहावरे का अर्थ लिखकर वाक्य-प्रयोग कीजिए।

(ङ) 'मुश्किल' का पर्यायवाची शब्द लिखिए।

(2) एक बार एक भारतीय सज्जन के यहाँ काफ़ी दिनों तक ठहरने के बाद गाँधीजी जब चलने लगे तब उस घर के नौकरों से उन्होंने विदा ली और कहा, ''मैं कभी किसी को अपना नौकर नहीं समझता, उसे भाई या बहन ही माना है और आप लोगों को भी मैं अपना भाई समझता हूँ। आपने मेरी जो सेवा की उसका प्रतिदान देने की सामर्थ्य मुझमें नहीं है, लेकिन ईश्वर आपको इसका पूरा फल देंगे।''

(क) नौकरों से भी विदाई लेना गाँधीजी के व्यक्तित्व की किस विशेषता की ओर संकेत करता है?

(ख) गाँधीजी नौकरों के साथ कैसा व्यवहार करते थे?

(ग) गाँधीजी में किस बात का सामर्थ्य न था?

(घ) प्रत्यय अथवा उपसर्ग अलग कर मूल शब्द लिखिए–भारतीय, प्रतिदान।

(ङ) 'सामर्थ्य' का पर्यायवाची शब्द लिखिए।

5 बहुविकल्पीय प्रश्न

(क) गाँधीजी बैरिस्टरी से ______ रुपये कमाते थे।

(i) सैकड़ों ☐ (ii) हज़ारों ☐
(iii) लाखों ☐ (iv) करोड़ों ☐

(ख) मिलने के लिए आए कॉलेज के छात्र को गाँधीजी ने ______ काम सौंपा।

(i) चावल साफ करने का ☐ (ii) गेहूँ बीनने का ☐
(iii) अंग्रेज़ी का अखबार पढ़ने का ☐ (iv) पत्र लिखने का ☐

(ग) गाँधीजी ने बताया कि वे लोहे के बर्तन को माँजकर ______ -सा चमका देते थे।

(i) चाँदी ☐ (ii) सोना ☐
(iii) ताँबा ☐ (iv) पीतल ☐

(घ) नौआखाली पदयात्रा के समय गाँधीजी के साथ शिविर में सिर्फ़ ______ आदमियों को रहने की अनुमति थी।

(i) एक ☐ (ii) दो ☐
(iii) तीन ☐ (iv) चार ☐

(ङ) गाँधीजी ने श्रीमती पोलक के बच्चे का दूध पीना कितने दिनों में छुड़वाया।

(i) दस दिनों में ☐ (ii) एक महीने में ☐
(iii) दो महीनों में ☐ (iv) पंद्रह दिनों में ☐

6 **निम्नलिखित वाक्यों में सही के सामने सही (✓) और गलत के सामने गलत (×) का चिह्न लगाइए**

(क) चक्की चलाने में कस्तूरबा और उनके लड़के गाँधीजी की मदद करते थे। ☐

(ख) कॉलेज के छात्र ने तीन घंटे तक गेहूँ बीनने का काम किया। ☐

(ग) प्रार्थना के बाद गाँधीजी सब्जियाँ छीलते थे। ☐

(घ) एक आश्रमवासी चकत्ते वाले केले पाकर बहुत प्रसन्न हुआ था। ☐

(ङ) गाँधीजी पतीले को रगड़कर चमकाना चाहते थे। ☐

7 **उचित शब्द भरकर निम्नलिखित वाक्यों को पूरा कीजिए**

आलू, थकान, कैदियों, गोपाल कृष्ण गोखले, अठहत्तर

(क) एक बार एक आश्रमवासी ने बिना धोए ______ काट दिए।

(ख) गाँधीजी ने दक्षिण अफ्रीका में सैकड़ों ______ को भोजन परोसा था।

(ग) गाँधीजी ______ का नाम भी नहीं जानते थे।

(घ) गाँधीजी ने ______ वर्ष की उम्र में खाखरा बनाने की विधि बताई।

(ङ) दक्षिण अफ्रीका में गाँधीजी के साथ ______ ठहरे थे।

8 **कल्पना कीजिए**

(क) एक ओर तो गाँधीजी अपने मित्रों या साथियों के कार्य में उनकी मदद कर देते थे; वही दूसरी ओर उन्हें यह ज़रा भी पसंद नहीं था कि उनका स्वयं का कार्य कोई और करे गाँधीजी का ऐसा व्यवहार क्यों रहा होगा?

____

____

(ख) अपनी कल्पना के आधार पर बताइए कि इस पाठ का शीर्षक 'नौकर' क्यों रखा गया होगा?

____

____

[अध्याय 16]

वन के मार्ग में

तुलसीदास

1 अतिलघु उत्तरीय प्रश्न

(क) रघुबीर-वधू कौन थी?

(ख) वन गमन के दौरान सीता के होठों की क्या दशा हुई?

(ग) लक्ष्मण ने छाया देखकर क्या किया?

(घ) सीता को थकी हुई जानकर श्रीराम ने क्या किया?

2 लघु उत्तरीय प्रश्न

(क) कविता में वर्णित वन के मार्ग का वर्णन कीजिए।

(ख) "चलनो अब केतिक, पर्नकुटि करिहौं कित ह्वै?" यह पंक्ति किसने, किससे और क्यों कही? स्पष्ट कीजिए।

(ग) वन-मार्ग में आने वाली समस्याओं के दौरान श्रीराम ने सीता की सहायता किस प्रकार की?

3 निम्नलिखित काव्यांश को पढ़कर दिए गए प्रश्नों के उत्तर लिखिए

पुर तें निकसी रघुबीर-बधू, धरि धीर दए मग में डग द्वै।
झलकीं भरि भाल कनी जल की, पुट सूखि गए मधुराधर वै।।
फिरि बूझति हैं, " चलनो अब केतिक, पर्नकुटी करिहौं कित ह्वै?"।
तिय की लखि आतुरता पिय की अँखियाँ अति चारु चलीं जल च्वै।।

(क) उपरोक्त पंक्तियों के कवि और कविता का नाम बताइए।

____

(ख) सीता ने राम से क्या पूछा?

____

(ग) किसकी आँखों से आँसू की बूँदें निकलने लगीं?

____

(घ) आतुरता शब्द का सही अर्थ है

(i) उतावला होने का भाव ☐ (ii) अशांत ☐
(iii) घूमना ☐ (iv) थकान ☐

(ङ) चारु का पर्यायवाची शब्द है

(i) चार ☐ (ii) कपोल ☐
(iii) चाँद ☐ (iv) सुंदर ☐

4 बहुविकल्पीय प्रश्न

(क) कविता में सीता के मस्तक पर कैसी बूँदे झलकने की बात की गई है?

(i) जल की ☐ (ii) पसीने की ☐
(iii) आँसू की ☐ (iv) ओस की ☐

(ख) लक्ष्मण किस काम के लिए गए थे?

(i) भोजन बनाने ☐ (ii) जल लेने ☐
(iii) कुटिया बनाने ☐ (iv) रास्ता बनाने ☐

(ग) वन में किसके पैर काँटों से भर गए थे?

(i) राम के ☐ (ii) लक्ष्मण के ☐
(iii) भरत के ☐ (iv) सीता के ☐

5 निम्नलिखित वाक्यों में सही के सामने सही (✓) तथा गलत के सामने गलत (×) का चिह्न लगाइए

(क) 'वन के मार्ग में' कविता में ग्रीष्म ऋतु का वर्णन है। ☐

(ख) लक्ष्मण पानी पीकर विश्राम करने लगे थे। ☐

(ग) काँटे निकालने के दौरान श्रीराम बैठे थे। ☐

(घ) सीता, राम और लक्ष्मण वन गमन के लिए नंगे पैर निकले थे। ☐

(ङ) आराम पाकर सीता को नींद आ गई थी। ☐

6 **नीचे दिए गए विकल्पों की सहायता से काव्य पंक्तियाँ पूर्ण कीजिए।**

प्रियाश्रम, जानकीं, लक्खनु, घरीक, भूभुरि

"जल को गए (क)________, हैं, लरिका परिखौ, पिय! छाँह (ख) ________ ह्वै ठाढ़े। पोंछि पसेउ बयारि करौं, अरु पायँ पखारिहौं (ग)________ डाढ़े।।" तुलसी रघुबीर (घ)________ जानि के बैठि विलंब लौ कंटक काढ़े। (ङ)________ नाह को नेह लख्यौ, पुलको तनु, बारि बिलोचन बाढ़े।

7 **आशय स्पष्ट कीजिए**

(क) तिय की लखि आतुरता पिय की अँखियाँ अति चारु चलीं चल च्वै।।

(ख) अरु पायँ पखारिहौं भूभुरि-डाढ़े।।

(घ) "पुलको तनु, बारि बिलोचन बाढ़े"

8 **कल्पना कीजिए**

(क) यदि आप नंगे पाँव गर्मी के दिनों में दोपहर के समय रास्ते में चलते हैं। वह रास्ता कंकर-पत्थर से भरा है। ऐसे रास्ते में आपको किन-किन समस्याओं का सामना करना पड़ेगा। अपनी कल्पना के आधार पर बताइए।

(अध्याय 17)

साँस-साँस में बाँस

एलेक्स एम. जॉर्ज [अनुवादक–शशि सबलोक]

1 अतिलघु उत्तरीय प्रश्न

(क) 'साँस-साँस में बाँस' पाठ में वर्णित जादूगर का क्या नाम था?

(ख) जादूगर की कब्र से कौन-सी चीजें निकली थीं?

(ग) जकाई का निचला सिरा कैसा होता है?

(घ) आसन बनाने के लिए बाँस को कैसे काटा जाता है?

(ङ) बाँस की टोकरी बनाते समय किस प्रक्रिया को बार-बार दोहराया जाता है?

2 लघु उत्तरीय प्रश्न

(क) बाँस की बुनाई का रिश्ता किस समय से है और क्यों?

(ख) बाँस की खपच्चियों से बनाई जाने वाली वस्तुओं के नाम लिखिए।

(ग) जकाई का उपयोग किस काम में और किस प्रकार किया जाता है?

(घ) खपच्चियों के लिए बूढ़े बाँसों को क्यों नहीं काटते हैं?

3 दीर्घ उत्तरीय प्रश्न

(क) खपच्चियों को चिकना करने की विधि तथा उसकी रंगाई की प्रक्रिया का वर्णन कीजिए।

(ख) टोकरी बनाने की विधि का वर्णन संक्षेप में कीजिए।

(ग) लेखक के अनुसार, बाँस से उनका कैसा रिश्ता है?

4 निम्नलिखित गद्यांशों को पढ़कर दिए गए प्रश्नों के उत्तर लिखिए

(1) जुलाई से अक्टूबर, घनघोर बारिश के महीने! यानी लोगों के पास बहुत सारा खाली वक्त या कहो आस-पास के जंगलों में बाँस इकट्ठा करने का सही वक्त। आमतौर पर वे एक से तीन साल की उम्र वाले बाँस काटते हैं। बूढ़े बाँस सख्त होते हैं और टूट भी तो जाते हैं। बाँस से शाखाएँ और पत्तियाँ अलग कर दी जाती हैं। इसके बाद ऐसे बाँसों को चुना जाता है, जिनमें गाँठें दूर-दूर होती हैं। दाओ यानी चौड़े, चाँद जैसी फाल वाले चाकू से इन्हें छीलकर खपच्चियाँ तैयार की जाती हैं।

(क) घनघोर बारिश के महीने कौन-से होते हैं?

(ख) खपच्चियाँ बनाने के लिए कैसे बाँसों को चुना जाता है?

(ग) चौड़े, चाँदी जैसी फाल वाले चाकू को क्या कहते हैं?

(घ) 'जंगल' का पर्यायवाची शब्द नहीं है

(i) वन ☐ (ii) विपिन ☐
(iii) अरण्य ☐ (iv) रौप्य ☐

(ङ) 'सख्त' का विलोम शब्द होगा

(i) कठोर ☐ (ii) वज्र ☐
(iii) नरम ☐ (iv) इनमें से कोई नहीं ☐

(2) टोकरी बनाने से पहले खपच्चियों को चिकना बनाना बहुत ज़रूरी है। यहाँ फिर दाओ काम आता है। खपच्ची बाएँ हाथ में होती है और दाओ दाएँ हाथ में। दाओ का धारदार सिरा खपच्ची को दबाए रहता है, जबकि तर्जनी दाओ के एकदम नीचे होती है। इस स्थिति में बाएँ हाथ से खपच्ची को बाहर की ओर खींचा जाता है। इस दौरान दायाँ अँगूठा दाओ को अंदर की ओर दबाता है और दाओ खपच्ची पर दबाव बनाते हुए घिसाई करता है।

(क) टोकरी बनाने से पहले खपच्चियों को क्या करने की आवश्यकता होती है?

(ख) खपच्ची को चिकना करने के लिए उसे और दाओ को किस-किस हाथ में पकड़ा जाता है?

(ग) खपच्चियों को चिकना करने के क्रम में दाएँ हाथ की तर्जनी का स्थान कहाँ होता है?

(घ) 'अँगूठा' शब्द का तत्सम रूप है

(i) अंगुष्ठ ☐ (ii) अंगुष्ठा ☐
(iii) अंगुष्ठी ☐ (iv) इनमें से कोई नहीं ☐

(ङ) 'अंदर' का विलोम शब्द होगा

(i) भीतर ☐ (ii) बाहर ☐
(iii) अंतर ☐ (iv) ये सभी ☐

5 बहुविकल्पीय प्रश्न

(क) बाँस की सबसे ज़्यादा चीज़ें किस राज्य में बनती हैं?

(i) तमिलनाडु में ☐ (ii) बंगाल में ☐
(iii) नागालैंड में ☐ (iv) कर्नाटक में ☐

(ख) खपच्चियाँ बनाने के लिए आमतौर पर कितने वर्ष की उम्र वाले बाँस काटे जाते हैं?

(i) एक से तीन वर्ष ☐ (ii) दो से चार वर्ष ☐
(iii) एक से छ: वर्ष ☐ (iv) दो से पाँच वर्ष ☐

(ग) आमतौर पर खपच्चियों की अधिकतम चौड़ाई कितनी होती है?

(i) 2 इंच ☐ (ii) 4 इंच ☐
(iii) 5 इंच ☐ (iv) 1 इंच ☐

(घ) पतली खपच्चियों का गुण कैसा होता है?

(i) लचीला ☐ (ii) कठोर ☐
(iii) गोल ☐ (iv) ठोस ☐

(ङ) खपच्चियाँ चीरने को लेखक ने कैसा कार्य बताया है?

(i) सरल ☐ (ii) जटिल ☐
(iii) उस्तादी भरा ☐ (iv) असंभव ☐

6 कल्पना कीजिए

(क) पाठ में बाँस से बनने वाली कुछ वस्तुओं का जैसे मसलन, आसन, टोपी, तथा टोकरी का वर्णन किया गया है। इसी प्रकार आप अपने आस–पास रखी हुई उन वस्तुओं का वर्णन कीजिए, जिनका निर्माण हम बाँस के माध्यम से कर सकते हैं?

(ख) बाँस का पेड़ होता है, जिन्हें काटकर हम उससे वस्तुओं का निर्माण करते हैं। इसी प्रकार के कुछ पेड़ों के नाम बताइए जिनकी लकड़ियों के माध्यम से हम घरेलू वस्तुओं का निर्माण करते हैं; साथ ही उन वस्तुओं के नाम भी लिखिए।

अध्याय 1

अवधपुरी में राम

1 अतिलघु उत्तरीय प्रश्न

(क) महाराज 'अज' के पुत्र का क्या नाम था?

(ख) महाराज दशरथ को कौन-सा दु:ख सालता रहता था?

(ग) राजा दशरथ की रानियों के नाम लिखिए।

(घ) यज्ञ में अंतिम आहुति किसने डाली?

(ङ) मुनि विश्वामित्र द्वारा बनाए गए आश्रम का क्या नाम था?

(च) मुनि विश्वामित्र के साथ भयानक जंगल की ओर कौन-कौन गए थे?

2 लघु उत्तरीय प्रश्न

(क) राजा दशरथ की चारित्रिक विशेषताओं पर प्रकाश डालिए।

(ख) राम के गुणों का वर्णन संक्षेप में कीजिए।

(ग) चारों राजकुमार की बाल्यावस्था का वर्णन कीजिए।

(घ) राजा दशरथ को चारों पुत्रों में राम सबसे प्रिय क्यों थे?

(ङ) विश्वामित्र की चारित्रिक विशेषताएँ संक्षेप में बताइए।

(च) विश्वामित्र ने राजा दशरथ से क्या माँगा और क्यों?

3 दीर्घ उत्तरीय प्रश्न

(क) 'अयोध्या' नगर के सौंदर्य का वर्णन अपने शब्दों में कीजिए।

(ख) पुत्रेष्टि यज्ञ से आप क्या समझते हैं? मुनि वशिष्ठ ने राजा दशरथ को पुत्रेष्टि यज्ञ करने की सलाह क्यों दी? विस्तार से समझाइए।

(ग) यज्ञ समाप्ति के पश्चात् राजा दशरथ की मनोकामना किस प्रकार पूर्ण हुई? उस समय अवध नगर में आयोजित समारोह का वर्णन अपने शब्दों में कीजिए।

(घ) ''राजा दशरथ पर जैसे बिजली गिर पड़ी।'' इस कथन के आधार पर दशरथ की दुविधा एवं समस्याओं का वर्णन कीजिए।

(ङ) महर्षि विश्वामित्र का क्रोध क्यों बढ़ता जा रहा था?

अध्याय 2

जंगल और जनकपुर

1 अतिलघु उत्तरीय प्रश्न

(क) राजमहल से निकलकर विश्वामित्र किस ओर बढ़े?

(ख) अयोध्या नगरी सरयू नदी के किस तट पर थी?

(ग) विश्वामित्र ने नदी में मुँह-हाथ धोकर आए राम और लक्ष्मण को किस नाम की विद्या सिखाई?

(घ) ताड़का और मारीच का आपस में क्या संबंध था?

(ङ) विश्वामित्र किस नदी को पार करके मिथिला की सीमा के पास पहुँचे थे?

(च) विदेहराज के छोटे भाई का क्या नाम था?

2 लघु उत्तरीय प्रश्न

(क) सरयू तट पर रुककर महर्षि ने राम और लक्ष्मण को कैसी विद्या सिखाने की बात कही?

(ख) संगम के पास आकर राम और लक्ष्मण ने दूरी बनाकर चलना क्यों छोड़ दिया?

(ग) ताड़का वध के पश्चात् वन में क्या-क्या परिवर्तन देखने को मिले?

(घ) राम और सुबाहु के युद्ध का क्या परिणाम हुआ?

(ङ) शिव-धनुष का वर्णन अपने शब्दों में कीजिए।

(च) विदेहराज ने क्या प्रतिज्ञा ली थी?

3 दीर्घ उत्तरीय प्रश्न

(क) महर्षि विश्वामित्र का जंगल के प्रति क्या दृष्टिकोण था? विस्तार से बताइए।

(ख) वन में ताड़का के आगमन के पश्चात् क्या स्थिति थी? ताड़का और राम के मध्य हुए युद्ध का वर्णन कीजिए।

(ग) राम द्वारा शिव-धनुष तोड़ने का वर्णन करते हुए बताइए कि विदेहराज धनुष टूटने के पश्चात् चकित क्यों हो उठे?

(घ) सीता के विवाह से ठीक पहले विदेहराज ने महाराज दशरथ के समक्ष क्या प्रस्ताव रखा? उस प्रस्ताव का क्या परिणाम निकला?

(ङ) राजा जनक द्वारा अयोध्या में भेजे गए बारात के संदेश के पश्चात् अयोध्या की प्रतिक्रिया बताते हुए जनकपुरी के वातावरण का वर्णन कीजिए।

[अध्याय 3]

दो वरदान

1 अतिलघु उत्तरीय प्रश्न

(क) राजा दशरथ के मन में एकमात्र इच्छा क्या थी?

(ख) राम के किन गुणों का लोहा सभी मानते थे?

(ग) भरत और शत्रुघ्न किस समय अयोध्या में नहीं थे?

(घ) भरत और शत्रुघ्न के नाना का क्या नाम था?

(ङ) क्रोध से आग बबूला होकर रानी कैकेयी के कक्ष में कौन आया?

(च) रानी कैकेयी को मंथरा ने कैसे कपड़े पहनकर कोपभवन में जाने की सलाह दी थी?

2 लघु उत्तरीय प्रश्न

(क) राम को राज-काज सौंप देने के पीछे दशरथ ने क्या कारण बताए?

(ख) मंथरा का चरित्र-चित्रण कीजिए।

(ग) कैकेयी पर मंथरा की बातों का क्या प्रभाव पड़ा?

(घ) मंथरा का कौन-सा लक्ष्य पूर्ण हुआ था?

(ङ) कैकेयी को अपने कक्ष में न पाकर राजा दशरथ ने क्या सोचा?

(च) कैकेयी ने राजा दशरथ से कौन से दो वरदान माँगे?

3 दीर्घ उत्तरीय प्रश्न

(क) मंथरा ने रानी कैकेयी को किस प्रकार राम के विरुद्ध उकसाया था? विस्तारपूर्वक वर्णन कीजिए।

(ख) रानी कैकेयी के चरित्र के बारे में आप अपने विचार दीजिए तथा उनके हृदय परिवर्तन के कारणों को स्पष्ट कीजिए।

(ग) राजा दशरथ के कोपभवन में पहुँचने के बाद के दृश्य का वर्णन विस्तार से कीजिए।

(घ) रानी कैकेयी की ओर से दो वरदान माँगे जाने के पश्चात् राजा दशरथ की स्थिति क्या हुई? अपने शब्दों में वर्णन कीजिए।

[अध्याय 4]

राम का वन-गमन

1 अतिलघु उत्तरीय प्रश्न

(क) राम को देखकर कौन बेसुध हो गया था?

(ख) राम द्वारा वन जाने की बात स्वीकारने के पश्चात् राजा दशरथ के मुँह से कैकेयी के प्रति क्या शब्द निकला था?

(ग) राम का निर्णय सुनकर सीता ने उनके सम्मुख क्या प्रस्ताव रखा था?

(घ) राम के वनवास जाने पर सर्वाधिक खुश कौन था?

(ङ) शृंगवेरपुर गाँव में राम का स्वागत किसने किया था?

(च) महाराज दशरथ के तट की सीमा किस नदी के तट पर पहुँचकर समाप्त होती थी?

(छ) राम के वियोग में किसने अपने प्राण त्याग दिए?

2 लघु उत्तरीय प्रश्न

(क) महामंत्री ने कैकेयी के महल में महाराजा दशरथ को किस स्थिति में देखा था?

(ख) महाराजा दशरथ के आमंत्रण पर राम और जनता (लोगों) के मध्य क्या अंतर्द्वंद्व था?

(ग) राम के मुख से पिता के वचन पूर्ण करने की बात सुनकर कौशल्या के मन में क्या विचार उभरे थे?

(घ) राम ने कौशल्या को वन जाने से मना क्यों किया था?

(ङ) राम किस दृश्य को देखकर विचलित और भावुक हो गए थे?

(च) भरत को तत्काल अयोध्या बुलाए जाने के पीछे क्या कारण था?

3 दीर्घ उत्तरीय प्रश्न

(क) ''अधर्म का सिंहासन मुझे नहीं चाहिए। मैं वन जाऊँगा। मेरे लिए तो जैसा राजसिंहासन वैसा ही वन।'' यह पंक्तियाँ राम ने क्यों कही थी? विस्तारपूर्वक उत्तर दीजिए।

(ख) राम, लक्ष्मण और सीता के अयोध्या से प्रस्थान के दौरान नगरवासियों और राम के परिवारजनों की स्थिति का वर्णन कीजिए।

(ग) राम, लक्ष्मण और सीता को विदाकर महामंत्री के अयोध्या लौटने के पश्चात् के दृश्य का वर्णन विस्तार से कीजिए।

[अध्याय 5]

चित्रकूट में भरत

1 अतिलघु उत्तरीय प्रश्न

(क) भरत के पास अयोध्या से कौन आया था?

(ख) केकयराज ने भरत को कितने रथों के साथ विदा किया था?

(ग) जीवन के अंतिम क्षण में दशरथ के मुँह से कौन-से तीन शब्द निकले थे?

(घ) निषादराज गुह ने भरत और उनकी सेना के लिए कितनी नावें जुटाईं थीं?

(ङ) अयोध्या लौटने के क्रम में राम की चरण-पादुकाओं को कहाँ रखा गया था?

(च) वन से लौटने के पश्चात् भरत अयोध्या में न रुककर कहाँ चले गए थे?

2 लघु उत्तरीय प्रश्न

(क) सपने में भरत ने क्या-क्या देखा था?

(ख) भरत को अयोध्या पहुँचने में घुड़सवारों से अधिक समय क्यों लगा था?

(ग) अयोध्या नगरी को दूर से देखते समय भरत ने कौन-कौन से प्रश्न किए?

(घ) मुनि वशिष्ठ राजसिंहासन खाली क्यों नहीं देखना चाहते थे?

(ङ) भरत के साथ-साथ और कौन-कौन से लोग वन के लिए गए थे?

(च) अयोध्या लौटने के संदर्भ में राम ने भरत का आग्रह क्या कहकर ठुकरा दिया था?

3 दीर्घ उत्तरीय प्रश्न

(क) जब भरत को यह ज्ञान हुआ कि राजा दशरथ का देहांत हो गया है उसके पश्चात् उनकी मनोदशा का वर्णन कीजिए।

(ख) भरत ने कौशल्या के समक्ष किस प्रकार ग्लानि व्यक्त की?

(ग) लक्ष्मण ने भरत तथा उनकी विशाल सेना को देख क्या सोचा था? राम ने लक्ष्मण को भरत की सेना पर हमला करने से किस प्रकार रोका था?

(घ) राम के वनवास का कारण पूछने पर कैकेयी ने भरत को क्या उत्तर दिया तथा उसके पश्चात् कैकेयी के प्रति भरत की क्या प्रतिक्रिया थी? स्पष्ट कीजिए।

(ङ) भरत की चित्रकूट यात्रा का कारण सहित, विस्तार से वर्णन कीजिए।

अध्याय 6

दंडक वन में दस वर्ष

1 अतिलघु उत्तरीय प्रश्न

(क) अयोध्यावासियों को चित्रकूट पहुँचने में कितना समय लगता था?

(ख) मुनिगण चित्रकूट क्यों छोड़ना चाहते थे?

(ग) विंध्याचल पार करने वाले पहले ऋषि कौन थे?

(घ) पंचवटी के मार्ग में राम को विशालकाय गिद्ध के रूप में कौन मिला था?

(ङ) शूर्पणखा किसके पराक्रम से चकित थी?

(च) पंचवटी पहुँचकर मारीच ने किसका रूप धारण कर लिया?

2 लघु उत्तरीय प्रश्न

(क) पंचवटी में लक्ष्मण द्वारा बनाई गई कुटिया की विशेषता बताइए।

(ख) लक्ष्मण ने शूर्पणखा की नाक क्यों काटी थी?

(ग) शूर्पणखा की दशा देखकर खर-दूषण ने क्या निश्चय किया था?

(घ) दंडक वन में तपस्वियों का रहना असंभव-सा क्यों हो गया था?

(ङ) अकंपन ने राम के पराक्रम का वर्णन किस प्रकार किया?

(च) मारीच को न चाहते हुए भी रावण का आदेश क्यों मानना पड़ा?

3 दीर्घ उत्तरीय प्रश्न

(क) दंडक वन के वातावरण का चित्रण अपने शब्दों में कीजिए।

(ख) राक्षसों के संहार के संबंध में राम और सीता के मतभेदों का वर्णन कीजिए।

(ग) शूर्पणखा ने रावण को क्यों धिक्कारा और तत्पश्चात् रावण ने क्या निश्चय किया?

(घ) राम ने लक्ष्मण को क्या आदेश दिया था और क्यों?

(अध्याय 7)

सोने का हिरण

1 अतिलघु उत्तरीय प्रश्न

(क) सीता के समक्ष रावण किस वेश में प्रकट हुआ था?

(ख) रावण द्वारा हर कर ले जाती हुई सीता का विलाप सर्वप्रथम किसने सुना था?

(ग) क्रोध में आकर रावण ने किसके पंख काट दिए थे?

(घ) रावण ने सीता को लंका की रानी बनने संबंधी निर्णय सुनाने के लिए कितना समय दिया था?

(ङ) सीता के आभूषणों को किसने उठाया था?

(च) सीता को रावण के अंत:पुर से निकालकर कहाँ बंदी बनाया गया था?

2 लघु उत्तरीय प्रश्न

(क) सीता को लक्ष्मण के प्रति क्या भ्रम पैदा हुआ था?

(ख) रावण ने अपना परिचय देकर सीता के समक्ष क्या प्रस्ताव रखा था?

(ग) सीता पशु-पक्षी और पर्वतों के माध्यम से राम तक क्या संदेश पहुँचाना चाहती थीं?

(घ) सीता का विलाप सुनकर गिद्धराज ने क्या किया?

(ङ) अशोक वाटिका में सीता की देख-रेख के लिए राक्षस-राक्षसियों को क्या निर्देश दिए गए थे?

(च) रावण ने अपने आठ बलिष्ठ राक्षसों को पंचवटी क्यों भेजा था?

3 दीर्घ उत्तरीय प्रश्न

(क) रावण द्वारा सीता-हरण का षड्यंत्र किस प्रकार सफल हुआ?

(ख) सीता ने अपने आभूषण क्यों फेंके और इसके पीछे रावण ने क्या अनुमान लगाया?

(ग) सीता के मुख से राम की प्रशंसा सुनकर रावण चिंतित क्यों हो गया था तथा सीता को पाने के लिए रावण ने अपनी योजना क्यों बदल दी थी?

अध्याय 8

सीता की खोज

1 अतिलघु उत्तरीय प्रश्न

(क) राम ने सीता से किस नदी का पता पूछा था?

(ख) वन में राम और लक्ष्मण ने जटायु को किस अवस्था में देखा था?

(ग) कबंध किसकी शक्ति और बुद्धि पर आश्चर्यचकित रह गया था?

(घ) कबंध का राम से अंतिम आग्रह क्या था?

(ङ) राम को सुग्रीव से मित्रता करने की सलाह किसने दी थी?

(च) ऋष्यमूक पर्वत का रास्ता कहाँ से होकर जाता था?

(छ) राम को मीठे फल किसने खिलाए थे?

(ज) सुग्रीव के पास कैसे बंदर थे?

2 लघु उत्तरीय प्रश्न

(क) सीता-हरण के बाद कुटिया के आस-पास के वातावरण में क्या-क्या परिवर्तन आ गए थे?

(ख) कुटिया में सीता को न पाकर राम की दशा कैसी हो गई थी?

(ग) वन में रथ और उसके टूटे हुए अंशों को देखकर राम किस असमंजस में पड़ गए थे?

(घ) जटायु ने युद्ध के दौरान रावण को किस प्रकार से हानि पहुँचाई थी?

(ङ) कबंध देखने में कैसा था? वर्णन कीजिए।

(च) राम और लक्ष्मण को देखकर कबंध प्रसन्न क्यों हो गया था?

(छ) पंपासरोवर का वर्णन संक्षेप में कीजिए।

3 दीर्घ उत्तरीय प्रश्न

(क) राम ने लक्ष्मण को सीता के साथ कुटी पर रहने का आदेश क्यों दिया था? लक्ष्मण ने उनकी आज्ञा क्यों नहीं मानी?

(ख) राम ने जटायु को किस अवस्था में देखा था तथा जटायु ने किस प्रकार सीता की खोज के लिए राम को संकेत दिए थे?

(ग) शबरी कौन थी? राम और शबरी की भेंट-वार्ता का वर्णन अपने शब्दों में कीजिए।

राम और सुग्रीव

1 अतिलघु उत्तरीय प्रश्न

(क) सुग्रीव के बड़े भाई का क्या नाम था?

(ख) संकट के समय सुग्रीव का साथ किस-किसने कभी नहीं छोड़ा था?

(ग) सुग्रीव ने वानर सेना को एकत्र करने का कार्य किसे सौंपा था?

(घ) अंगद को किस दल का नेता बनाया गया?

(ङ) जामवंत के पीछे किसकी सेना थी?

(च) जटायु का भाई कौन था?

(छ) वानर दल में सबसे अधिक बुद्धिमान कौन था?

2 लघु उत्तरीय प्रश्न

(क) राम और सुग्रीव दोनों की परिस्थितियों में क्या समानताएँ थीं?

(ख) राम ने सुग्रीव के सामने अपनी शक्ति का प्रदर्शन किस प्रकार किया?

(ग) सुग्रीव के किस व्यवहार से राम क्षुब्द थे?

(घ) राम ने अपनी अँगूठी किसे दी थी और क्यों?

(ङ) लंकारोहण के लिए निकली वानरों की टोली चलते-चलते एक स्थान पर क्यों रुक गई थी?

(च) वानर दल असमंजस में क्यों पड़ गया था?

3 दीर्घ उत्तरीय प्रश्न

(क) सुग्रीव को अपने मूल निवास किष्किंधा को छोड़कर ऋष्यमूक पर्वत पर क्यों आना पड़ा? विस्तार से चर्चा कीजिए।

(ख) महाबलशाली बाली का अंत किस प्रकार हुआ?

(ग) जामवंत हनुमान के बारे में क्या जानते थे? उन्होंने हनुमान को उनकी शक्ति का भान कैसे कराया?

(अध्याय 10)

लंका में हनुमान

1 अतिलघु उत्तरीय प्रश्न

(क) अपनी शक्ति का अहसास होने पर हनुमान एक ही छलाँग में किस पर जा खड़े हुए थे?

(ख) समुद्र के अंदर कौन-सा पर्वत था?

(ग) हनुमान को रास्ते में किन-किन राक्षसियों का सामना करना पड़ा था?

(घ) रावण का रथ किस चीज़ से निर्मित था?

(ङ) अशोक वाटिका में रात्रि के समय हनुमान को किसका अट्ठाहस सुनाई पड़ा?

(च) सीता से सपना देखने की बात किसने कही थी?

(छ) हनुमान सीता को राम के पास कैसे ले जाना चाहते थे?

(ज) लंका में हनुमान को किससे बाँध दिया गया था?

2 लघु उत्तरीय प्रश्न

(क) महेंद्र पर्वत देखने में कैसा था? संक्षेप में वर्णन कीजिए।

(ख) हनुमान लंका नगरी में क्या देखकर आश्चर्यचकित हो गए थे?

(ग) हनुमान ने शाम ढलने के पश्चात् ही लंका में प्रवेश क्यों किया?

(घ) लंका के महलों और घरों में सीता को न पाकर हनुमान क्या सोचने लगे?

(ङ) सीता से भेंट किए बिना हनुमान क्यों नहीं लौटना चाहते थे?

(च) अशोक वाटिका में वृक्ष पर बैठे हनुमान को सीता का पता कैसे लगा?

(छ) हनुमान ने किस प्रकार सीता को अपना परिचय दिया?

(ज) सीता का समाचार जानकर वानरों ने क्या किया?

(झ) हनुमान के लंका से लौटने के पश्चात् राम ने हनुमान से क्या-क्या प्रश्न किए?

3 दीर्घ उत्तरीय प्रश्न

(क) हनुमान किन-किन परिस्थितियों का सामना करते हुए सीता के पास पहुँचे? विस्तार से वर्णन कीजिए।

(ख) हनुमान ने किस प्रकार से पूरी लंका में उत्पात मचा दिया था?

अध्याय 11

लंका विजय

1 अतिलघु उत्तरीय प्रश्न

(क) राम के शिविर में आने पर विभीषण को सर्वप्रथम किसके समक्ष प्रस्तुत किया गया?

(ख) महेंद्र पर्वत पर ठहरी राम की सेना के सामने सबसे बड़ी चुनौती क्या थी?

(ग) समुद्र में पुल बनाने का कार्य किसने किया था?

(घ) राम की सेना में कौन सबसे पीछे था?

(ङ) लंका में प्रवेश करने के कितने द्वार थे?

(च) राम ने सुलह के अंतिम प्रयास के लिए दूत बनाकर लंका किसे भेजा था?

(छ) किष्किंधा की सेना में किनकी जयकार से आकाश गूँज उठा?

(ज) लक्ष्मण की जान बचाने हेतु हनुमान कौन-सी बूटी लेकर आए थे?

2 लघु उत्तरीय प्रश्न

(क) समुद्र पार राम की सेना को देखकर लंका में किस प्रकार की खलबली मच गई थी?

(ख) नगर की हताशा देख विभीषण ने रावण को क्या समझाने की कोशिश की थी?

(ग) विभीषण ने राम के सामने अपना क्या परिचय दिया था?

(घ) राम ने समुद्र से क्या विनती की थी?

(ङ) कुंभकर्ण वध का वर्णन अपने शब्दों में कीजिए।

(च) लक्ष्मण द्वारा मेघनाद का अंत किस प्रकार हुआ था?

(छ) लंका विजय के बाद की स्थिति का वर्णन संक्षेप में कीजिए।

3 दीर्घ उत्तरीय प्रश्न

(क) विभीषण ने राम की मदद किस प्रकार और क्यों की?

(ख) राम और रावण के बीच हुए युद्ध का वर्णन कीजिए।

(ग) लंका विजय का अभियान किस प्रकार पूर्ण हुआ?

(अध्याय 12)

राम का राज्याभिषेक

1 अतिलघु उत्तरीय प्रश्न

(क) नल और नील द्वारा निर्मित पुल का नाम बताइए।

(ख) राम, लक्ष्मण और सीता के साथ अयोध्या जाने का सौभाग्य किस-किसको प्राप्त हुआ?

(ग) पुष्पक विमान से गोदावरी नदी कैसी दिख रही थी?

(घ) हनुमान की अयोध्या जाने के मार्ग में किससे भेंट हुई थी?

(ङ) राम का राजतिलक किसके द्वारा किया गया?

(च) सीता ने अपने गले का हार किसे दिया?

2 लघु उत्तरीय प्रश्न

(क) विभीषण, राम को कुछ दिनों के लिए लंका में क्यों रोकना चाहते थे?

(ख) विभीषण के राजतिलक के बाद राम तत्काल अयोध्या क्यों लौटना चाहते थे?

(ग) राम के द्वारा लंका में और न रुकने की बात सुनकर विभीषण ने उनके सामने क्या प्रस्ताव रखा?

(घ) सीता ने पुष्पक विमान को कहाँ उतारने का आग्रह किया और क्यों?

(ङ) सीता ने पंचवटी को पुनः देख अपनी आँखें क्यों बंद कर लीं?

(च) राम ने पहले हनुमान को अयोध्या क्यों भेजा?

(छ) हनुमान के मुख से राम का समाचार सुनकर भरत की स्थिति का वर्णन कीजिए।

3 दीर्घ उत्तरीय प्रश्न

(क) राम सहित उनके सभी सगे-संबंधियों की लंका से अयोध्या-यात्रा का वर्णन विस्तार से कीजिए।

(ख) राम के राज्याभिषेक का विस्तार से वर्णन कीजिए।

अध्याय 1

भाषा और व्याकरण

1 निम्नलिखित वाक्यों में सही के सामने सही (✓) तथा गलत के सामने गलत (×) का चिह्न लगाइए।

(क) राजस्थानी हिंदी उपभाषा की बोली 'मारखाड़ी' है। ☐

(ख) देवनागरी लिपि की जननी रोमन है। ☐

(ग) भाषा के शुद्ध रूप को शुद्धिकरण कहते हैं। ☐

(घ) लिपि शब्द का अर्थ है–'लीपन' या 'लिखना'। ☐

(ङ) पंजाबी भाषा की लिपि गुरुमुखी है। ☐

2 निम्नलिखित वाक्यों में रिक्त स्थानों की पूर्ति कीजिए

(क) खड़ी बोली का संबंध ________ हिंदी से है। (पूर्वी/पश्चिमी)

(ख) 'भाषा' शब्द ________ धातु से बना है। (भाष्/भाषा)

(ग) हिंदी दिवस ________ को मनाया जाता है। (10 सितंबर/14 सितंबर)

(घ) हिंदी भाषा की ________ उपभाषाएँ हैं। (पाँच/आठ)

3 बहुविकल्पीय प्रश्न

(क) हिंदी भाषी क्षेत्र में कितनी बोलियाँ बोली जाती हैं?

(i) 20 ☐ (ii) 19 ☐

(iii) 18 ☐ (iv) 17 ☐

(ख) मुख्यत: भाषा के कितने रूप हैं?

(i) 3 ☐ (ii) 4 ☐

(iii) 5 ☐ (iv) 2 ☐

(ग) पूर्वी हिंदी उपभाषा की बोली कौन-सी है?

(i) अवधी ☐ (ii) ब्रजभाषा ☐

(iii) खड़ी बोली ☐ (iv) बुंदेली ☐

(घ) हिंदी भाषा को राजभाषा कब घोषित किया गया?

(i) 26 जनवरी, 1950 ☐ (ii) 15 अगस्त, 1947 ☐

(iii) 14 सितंबर, 1949 ☐ (iv) 14 सितंबर, 1948 ☐

4 निम्नलिखित उपभाषाओं का उनकी सुसंगत बोलियों से मिलान कीजिए।

उपभाषा	बोली
(क) पहाड़ी हिंदी	(i) ब्रजभाषा
(ख) बिहारी हिंदी	(ii) जयपुरी
(ग) पश्चिमी हिंदी	(iii) मैथिली
(घ) राजस्थानी हिंदी	(iv) गढ़वाली

5 निम्नलिखित भाषाओं की लिपियों को उनके सामने लिखिए।

भाषा	लिपि	भाषा	लिपि
(क) अंग्रेज़ी	____________	(ख) हिंदी	____________
(ग) मराठी	____________	(घ) उर्दू	____________
(ङ) नेपाली	____________		

6 निम्नलिखित में भाषा का कौन-सा रूप प्रयुक्त होता है? प्रत्येक के सामने लिखकर बताइए।

(क) कविता पाठ करना ____________

(ख) भाषण देना ____________

(ग) निबंध-लेखन ____________

(घ) प्रश्न-पत्र हल करना ____________

(अध्याय 2)

वर्ण-विचार

1 निम्नलिखित व्यंजन वर्गों को उनके उच्चारण स्थान से मिलाइए।

वर्ग	उच्चारण स्थान	वर्ग	उच्चारण स्थान
(क) क वर्ग	(i) तालु	(घ) त वर्ग	(iv) ओष्ठ
(ख) च वर्ग	(ii) कंठ	(ङ) प वर्ग	(v) मूर्धा
(ग) ट वर्ग	(iii) दाँत		

2 नीचे दिए गए बॉक्स में स्वरों की मात्राएँ दी गई हैं। सही मात्रा को उसके स्वर के सामने दिए गए स्थान पर अंकित कीजिए।

ु, ृ, ै, ौ, ा

स्वर	मात्रा
(क) उ	....
(ख) आ	....
(ग) ऐ	....
(घ) ऋ	....
(ङ) औ	....

3 निम्नलिखित शब्द 'निरनुनासिक स्वर' से निर्मित हैं, इन शब्दों में 'अनुनासिक स्वर' का प्रयोग करते हुए नए शब्द बनाइए।

निरनुनासिक स्वर	अनुनासिक स्वर
(क) सास	__________
(ख) पूछ	__________
(ग) बाट	__________

निरनुनासिक स्वर	अनुनासिक स्वर
(घ) चिड़िया	______________
(ङ) चाटा	______________

4 संयुक्त व्यंजनों का प्रयोग करते हुए पाँच शब्दों का निर्माण कीजिए।

(क) ______________

(ख) ______________

(ग) ______________

(घ) ______________

(ङ) ______________

5 निम्नलिखित शब्दों का वर्ण-विच्छेद कीजिए।

शब्द	वर्ण-विच्छेद
(क) भारतीय	______________
(ख) कमल	______________
(ग) राजीव	______________
(घ) लोचन	______________
(ङ) नयन	______________

6 निम्नलिखित वर्णों के मेल से बनने वाले शब्द लिखिए।

(क) स् + अ + र् + अ + द् + आ + र + अ = ______________

(ख) व् + इ + श् + ए + ष्+ अ + ण् + अ = ______________

(ग) प् + र् + अ + क् + आ + श् + अ = ______________

(घ) द् + उ + र् + ब् + अ + ल् + अ = ______________

(ङ) व् + य् + आ + क् +अ + र् + अ + ण् + अ = ______________

शब्द-विचार

1 निम्नलिखित वाक्यों में सही के सामने सही (✓) तथा गलत के सामने गलत (×) का चिह्न लगाइए।

(क) 'उज्ज्वल' तद्‌भव शब्द है। ☐

(ख) 'कान' तत्सम् शब्द है। ☐

(ग) 'डोसा' देशी शब्द है। ☐

(घ) 'शरीफ़' विदेशी शब्द है। ☐

(ङ) 'पुस्तक' सार्थक शब्द है। ☐

2 नीचे कुछ शब्द और उनके रूप दिए गए हैं, प्रत्येक शब्द को उनके सुसंगत रूप से मिलाइए।

शब्द	सुसंगत रूप
(क) गृह	(i) देशी शब्द
(ख) काम	(ii) रूढ़ शब्द
(ग) विद्यालय	(iii) तत्सम शब्द
(घ) कलम	(iv) तद्‌भव शब्द
(ङ) गुलाब-ज़ामुन	(v) यौगिक शब्द

3 नीचे दिए गए शब्दों के भेद के सामने विकल्प में से छाँटकर उचित शब्द लिखिए।

सरल, दुर्जन, त्रिलोचन जग, रसोई
घर, पंकज दशरथ, गंगाजल, दीमक

रूढ़ शब्द ________ ________ ________

यौगिक शब्द ________ ________ ________

योगरूढ़ शब्द ________ ________ ________

4 नीचे लिखे शब्दों को उचित शब्द भेद के स्थान पर लिखिए।

अंश, कोर्ट, थैला, लोटा, हॉस्पिटल, शगुन, सौ, मित्र

तत्सम	तद्भव	देशज	विदेशज
________	________	________	________
________	________	________	________

5 निम्नलिखित तत्सम शब्दों को तद्भव रूप में बदलिए।

तत्सम शब्द	तद्भव शब्द
(क) ओष्ठ	________
(ख) कुपुत्र	________
(ग) ग्राम	________
(घ) कूप	________
(ङ) अर्द्ध	________

6 निम्नलिखित तद्भव शब्दों को तत्सम रूप में बदलिए।

तद्भव शब्द	तत्सम शब्द
(क) पूँछ	________
(ख) फागुन	________
(ग) मक्खी	________
(घ) मछली	________
(ङ) पूरब	________

अध्याय 4

संज्ञा

1 निम्नलिखित वाक्यों में सही के सामने सही (✓) तथा गलत के सामने गलत (×) का चिह्न लगाइए।

(क) 'यमुना' व्यक्तिवाचक संज्ञा है। ☐

(ख) 'पानी' द्रव्यवाचक संज्ञा है। ☐

(ग) 'सुंदरता' भाववाचक संज्ञा है। ☐

(घ) 'कक्षा' जातिवाचक संज्ञा है। ☐

(ङ) 'रामायण' समूहवाचक संज्ञा है। ☐

2 निम्नलिखित संज्ञा शब्दों का उनके सही भेद से मिलान कीजिए।

(क) ज्वर	(i) जातिवाचक संज्ञा
(ख) दूध	(ii) समूहवाचक संज्ञा
(ग) सभा	(iii) भाववाचक संज्ञा
(घ) दिल्ली	(iv) द्रव्यवाचक संज्ञा
(ङ) नदी	(v) व्यक्तिवाचक संज्ञा

3 निम्नलिखित जातिवाचक संज्ञा को भाववाचक संज्ञा में परिवर्तित कीजिए।

जातिवाचक संज्ञा	भाववाचक संज्ञा
(क) मनुष्य	______________
(ख) पुरुष	______________
(ग) लड़का	______________
(घ) बूढ़ा	______________

4 निम्नलिखित व्यक्तिवाचक संज्ञा को भाववाचक संज्ञा में परिवर्तित कीजिए।

व्यक्तिवाचक संज्ञा	भाववाचक संज्ञा
(क) राम	______________
(ख) रावण	______________
(ग) शिव	______________
(घ) माँ	______________

5 नीचे दिए गए बॉक्स में कुछ संज्ञा शब्द दिए गए हैं। इन संज्ञा शब्दों को उनके भेद के सामने लिखिए।

> अध्यापक, महात्मा बुद्ध, उन्नति, ताँबा
> संघ, घोड़ा, शत्रुता, घी, कक्षा, सुंदरता
> दही, किसान, गट्ठर, ब्रह्मपुत्र, रामायण

(क) जातिवाचक संज्ञा ________ ________ ________

(ख) व्यक्तिवाचक संज्ञा ________ ________ ________

(ग) भाववाचक संज्ञा ________ ________ ________

(घ) समूहवाचक संज्ञा ________ ________ ________

(ङ) द्रव्यवाचक संज्ञा ________ ________ ________

6 बहुविकल्पीय प्रश्न

(क) निम्नलिखित शब्दों में से कौन-सा शब्द संज्ञा है?

(i) क्रुद्ध ☐ (ii) क्रोध ☐
(iii) क्रोधी ☐ (iv) क्रोधित ☐

(ख) निम्नलिखित में से कौन-सा विकल्प संज्ञा का भेद नहीं है?

(i) व्यक्तिवाचक ☐ (ii) भाववाचक ☐
(iii) कालवाचक ☐ (iv) समूहवाचक ☐

(ग) 'हरा' शब्द से बना भाववाचक संज्ञा शब्द कौन-सा है?

(i) हरता ☐ (ii) हरा-भरा ☐
(iii) हरियाली ☐ (iv) हरत्व ☐

(घ) 'जवाहरलाल नेहरू' में कौन-सी संज्ञा है?

(i) व्यक्तिवाचक संज्ञा ☐ (ii) जातिवाचक संज्ञा ☐
(iii) भाववाचक संज्ञा ☐ (iv) इनमें से कोई नहीं ☐

(ङ) '<u>जयचंदों</u>' के कारण ही देश को गुलाम होना पड़ा। रेखांकित शब्द में कौन-सी संज्ञा है?

(i) व्यक्तिवाचक संज्ञा ☐ (ii) जातिवाचक संज्ञा ☐

(iii) भाववाचक संज्ञा ☐ (iv) इनमें से कोई नहीं ☐

7 कोष्ठकों में दिए गए शब्दों की सहायता से उचित भाववाचक संज्ञा शब्दों का प्रयोग कर रिक्त स्थान की पूर्ति कीजिए।

(क) हमें मनुष्य जाति के साथ __________ की भावना रखनी चाहिए। (अपना)

(ख) पहाड़ी स्थानों का दृश्य __________ से भरा होता है। (सुंदर)

(ग) उसने जंगल में शेर की आवाज़ सुनी और उसे __________ हो गई। (घबराना)

(घ) आगे गहरी खाई है, कृपया __________ बरतें। (सावधान)

(ङ) रामायण में राम और भरत __________ का दृश्य अत्यंत मार्मिक दृश्य है। (मिलना)

8 निम्नलिखित गद्यांश में से संज्ञा के भेदों को पहचानकर लिखिए।

मैं और राजीव नदी के किनारे बैठे बातें कर रहे थे। अचानक नदी के पानी से कुछ ध्वनि सुनाई दी। जब हमने पीछे मुड़कर देखा तो, वहाँ बत्तखों का झुंड पानी में खेल रहा था। सामने से कुछ व्यक्तियों का समूह भी इसी ओर आने लगा। यहाँ नदी के किनारे पानी में एक पीतल की बड़ी-सी थाल रखी हुई थी। इसमें सभी लोग पैसे डालते थे। माना जाता है कि इस थाल में पैसे डालने से लोगों की माँग पूरी हो जाती है। यहाँ पक्षियों का दृश्य सौंदर्य से भरा हुआ था। कुछ समय पश्चात् हमारा मित्र रघु भी वहाँ आ पहुँचा। बत्तखों का खेल देखकर उसे भी अपने बचपन के दिन याद आ गए। अंत में हम तीनों भी खेलने के लिए चल दिए।

(क) व्यक्तिवाचक संज्ञा __________ __________

(ख) जातिवाचक संज्ञा __________ __________

(ग) भाववाचक संज्ञा __________ __________

(घ) समूहवाचक संज्ञा __________ __________

(ङ) द्रव्यवाचक संज्ञा __________ __________

अध्याय 5

संज्ञा के विकार

लिंग

1 **नीचे कुछ शब्द दिए गए हैं, उनके लिंग पहचानकर लिखिए।**

शब्द	लिंग
(क) विदुषी	________________
(ख) वर	________________
(ग) कवि	________________
(घ) बनिया	________________

2 **निम्नलिखित पुल्लिंग शब्दों को उपयुक्त प्रत्ययों से सुमेलित कीजिए, जिससे सार्थक स्त्रीलिंग शब्द की उत्पत्ति हो।**

पुल्लिंग शब्द	प्रत्यय
(क) शेर	(i) ई
(ख) लाला	(ii) आनी
(ग) लोटा	(iii) इन
(घ) घोड़ा	(iv) इया
(ङ) नौकर	(v) नी

3 **नीचे दिए गए शब्द समूहों में से पुल्लिंग शब्द छाँटकर लिखिए।**

(क) इज्जत, शंका, आतंक ________________

(ख) संगत, अनार, पराजय ________________

(ग) राहत, तलवार, अनुरोध ________________

(घ) अहंकार, बौछार, यमुना ________________

4 निम्नलिखित वाक्यों में रेखांकित शब्दों के लिंग बताइए।

(क) सोना बहुत महँगा हो गया है।

(ख) बाज़ार में दाल चाँदी के भाव बिकती है।

(ग) मैथिली भाषा में मधुरता का भाव है।

(घ) आज चीन टेबल-टेनिस खेलेगा।

(ङ) मैंने एक गमला खरीदा है।

5 निम्नलिखित वाक्यों में लिंग संबंधी अशुद्धियाँ हैं। अशुद्ध वाक्यों को शुद्ध करके पुनः लिखिए।

(क) वह एक विद्वान लेखिका है।

____

(ख) आपकी महान् कृपा होगी।

____

(ग) यह कवि बहुत अच्छी कविताएँ लिखती हैं।

____

(घ) सीता अच्छी गायक है।

____

वचन

1 नीचे दिए गए शब्दों में से एक वचन और बहुवचन शब्द छाँटकर उचित स्थान पर लिखिए।

छात्रा, चिड़ियाँ, पुस्तिका, कपड़े, नदी, जनसमुदाय, महिला, शिष्य, बोलियाँ, बातें

	एकवचन	बहुवचन
(क)	______	______
(ख)	______	______
(ग)	______	______
(घ)	______	______
(ङ)	______	______

2 निम्नलिखित शब्दों को उनके संगत समूहसूचक शब्द से मिलाइए।

शब्द	समूह सूचक शब्द
(क) भक्त	(i) वृंद
(ख) हिंदू	(ii) गण
(ग) अध्यापक	(iii) जन
(घ) शिक्षित	(iv) वर्ग
(ङ) छात्र	(v) समुदाय
(च) श्रोता	(vi) लोग

3 **निम्नलिखित वाक्यों में वचन संबंधी अशुद्धियाँ हैं। उन्हें शुद्ध करके वाक्यों को पुनः लिखिए।**

(क) मेरे बेटा उत्तीर्ण हो गए।

____

(ख) अच्छे बच्चा सबका आदर करते हैं।

____

(ग) लड़का दौड़ते हैं।

____

(घ) वर्षा के कारण पानियों का निकास नहीं हो रहा है।

____

(ङ) मेरे दस्तावेज़ों पर आपके हस्ताक्षरों का होना अनिवार्य है।

____

4 **बहुविकल्पीय प्रश्न**

(क) निम्नलिखित में से कौन-सा शब्द एकवचन और बहुवचन दोनों रूपों में समान रहता है?

(i) माला ☐ (ii) आलू ☐

(iii) छोटा ☐ (iv) बुढ़िया ☐

(ख) 'अतिथि' शब्द है

(i) बहुवचन ☐ (ii) एकवचन ☐

(iii) (i) और (ii) दोनों ☐ (iv) इनमें से कोई नहीं ☐

(ग) 'बादल' शब्द का प्रयोग होता है

(i) सदा बहुवचन में ☐ (ii) सदा एकवचन में ☐

(iii) (i) और (ii) दोनों ☐ (iv) इनमें से कोई नहीं ☐

(घ) 'विधि' शब्द का बहुवचन रूप क्या होगा?

(i) विधा ☐ (ii) विधाएँ ☐

(iii) विधियाँ ☐ (iv) विविधता ☐

(ङ) 'छात्र' शब्द का बहुवचन शब्द है

(i) छात्रगण ☐ (ii) छात्रा ☐

(iii) छात्राएँ ☐ (iv) छात्रवृंद ☐

5 **नीचे दिए गए शब्दों के बहुवचन रूप से रिक्त स्थान भरिए।**

(क) वह दोनों __________ को सुलाकर खुद सो गई थी। (बच्चा)

(ख) श्यामा दोनों __________ से स्टूल पकड़े हुई थी। (हाथ)

(ग) स्टूल की चारों __________ बराबर नहीं थी। (टाँग)

(घ) मैंने चार __________ खाए। (आम)

कारक

1 नीचे दिए गए कारक को उनके संगत कारक चिह्न से मिलाइए।

कारक	कारक चिह्न
(क) कर्म	(i) के लिए
(ख) कर्ता	(ii) को
(ग) अधिकरण	(iii) ने
(घ) संबंध	(iv) हे! अरे!
(ङ) करण	(v) में, पर
(च) संबोधन	(vi) से, के द्वारा
(छ) अपादान	(vii) का, के, की
(ज) संप्रदान	(viii) से (पृथक्ता, अलगाव)

2 नीचे दिए गए रिक्त स्थानों में सही विकल्प छाँटकर लिखिए।

(क) यह राधिका ________ घर है।

(i) के ☐ (ii) को ☐

(iii) का ☐ (iv) की ☐

(ख) ________ रमेश, इधर आओ।

(i) हा ☐ (ii) हो ☐

(iii) ओए ☐ (iv) अरे ☐

(ग) आगरा ________ ताजमहल बहुत सुंदर है।

(i) का ☐ (ii) के ☐

(iii) की ☐ (iv) में ☐

(घ) पक्षी डाल ________ बैठे हैं।

(i) के ☐ (ii) में ☐

(iii) पर ☐ (iv) से ☐

(ङ) वह घर ________ बहुत शरारती है।

(i) में ☐ (ii) पर ☐

(iii) को ☐ (iv) से ☐

3 नीचे दिए गए रिक्त स्थानों की पूर्ति उचित कारक चिह्न द्वारा कीजिए।

(क) पक्षी आकाश ____________ उड़ते हैं।

(ख) पुस्तक मेज़ ____________ रखी है।

(ग) राम ____________ राजीव ____________ पत्र लिखा।

(घ) बच्चे घर ____________ रवाना हो चुके हैं।

(ङ) उसे पत्र ____________ सूचना भेजें।

4 निम्नलिखित रेखांकित अंश में कौन-सा कारक है? बताइए।

(क) राम ने <u>रावण को</u> मारा। ____________________

(ख) विद्यार्थी <u>विद्यालय से</u> निकल गए। ____________________

(ग) <u>हे भगवान</u>! हमारी मदद करो। ____________________

(घ) मैं <u>सोहन को</u> पढ़ाता हूँ। ____________________

(ङ) <u>सड़क पर</u> मत दौड़ो। ____________________

5 निम्नलिखित कारक चिह्नों का प्रयोग करते हुए वाक्य बनाइए।

कारक चिह्न	वाक्य
(क) ने	____________________
(ख) को	____________________
(ग) से	____________________
(घ) के द्वारा	____________________
(ङ) पर	____________________

अध्याय 6

सर्वनाम

1 नीचे दिए गए बॉक्स में कुछ सर्वनाम शब्द दिए गए हैं। दिए गए सर्वनाम भेदों के सामने उन शब्दों को लिखिए।

हम, तुम, वे, आप, मैं, यह, वह, मैंने, आपका, हमने, ये, तुम्हारा

(क) अन्य पुरुष ____________

(ख) मध्यम पुरुष ____________

(ग) उत्तम पुरुष ____________

2 निम्नलिखित वाक्यों में रेखांकित सर्वनामों के भेद बताइए।

(क) यह मेरी पुस्तक है। ____________

(ख) उसने कुछ नहीं लिया। ____________

(ग) वह क्या कर रहा था? ____________

(घ) अपने से बड़ों का आदर करना चाहिए। ____________

(ङ) आपका नाम क्या है? ____________

(च) जिसकी लाठी, उसकी भैंस ____________

3 बहुविकल्पीय प्रश्न

(क) निम्न में से कौन-सा एक सर्वनाम का प्रकार नहीं है?

(i) उत्तम पुरुषवाचक सर्वनाम ☐ (ii) मध्यम पुरुषवाचक सर्वनाम ☐

(iii) गुणवाचक सर्वनाम ☐ (iv) निश्चयवाचक सर्वनाम ☐

(ख) 'जैसा करोगे वैसा भरोगे'— में रेखांकित अंश में सर्वनाम भेद कौन-सा है?

(i) निजवाचक सर्वनाम ☐ (ii) संबंधवाचक सर्वनाम ☐

(iii) संबोधनवाचक सर्वनाम ☐ (iv) इनमें से कोई नहीं ☐

(ग) अन्य पुरुषवाचक सर्वनाम निम्न में से कौन-सा नहीं है?

(i) वह ☐ (ii) वे ☐

(iii) तुम ☐ (iv) उनका ☐

(घ) ''सभी को अपना कार्य स्वयं करना चाहिए।'' रेखांकित अंश का सर्वनाम भेद निम्न में से कौन-सा है?

(i) निजवाचक सर्वनाम ☐ (ii) मध्यम पुरुषवाचक सर्वनाम ☐

(iii) उत्तम पुरुषवाचक सर्वनाम ☐ (iv) इनमें से कोई नहीं ☐

(ङ) ''यह पुस्तक मेरी है।'' इस वाक्य में 'यह' का प्रयोग किस रूप में हुआ है?

(i) विशेषण ☐ (ii) संज्ञा ☐

(iii) क्रिया-विशेषण ☐ (iv) अव्यय ☐

4 नीचे दिए गए सर्वनाम शब्दों से भाववाचक संज्ञा का निर्माण कीजिए।

(क) अपना ____________________

(ख) मम ____________________

(ग) निज ____________________

(घ) अहं ____________________

(ङ) आप ____________________

5 कोष्ठकों में दिए गए सर्वनामों से उचित सर्वनाम शब्द चुनकर रिक्त स्थान की पूर्ति कीजिए।

(क) आज __________ क्रिकेट खेलने जा रहे हैं। (हम, तुम, मैं)

(ख) तुम्हें __________ सामान की देखरेख स्वयं करनी चाहिए। (तुम्हारे, अपने, आपके)

(ग) __________ अपना कार्य नहीं करते हो। (वे, आप, तुम)

(घ) जो कहा गया __________ करो। (वही, उसी, स्वयं)

(ङ) __________ कहाँ गया था? (आप, तुम, तू)

6 अनावश्यक संज्ञा शब्दों के स्थान पर उचित सर्वनाम शब्दों का प्रयोग कर अनुच्छेद को दोबारा लिखिए।

कृष्णा सोबती का बचपन शिमला में बीता था। कृष्णा सोबती अपने 'बचपन' नामक संस्मरण के माध्यम से कृष्णा सोबती के बचपन की यादों को ताज़ा करती हैं। कृष्णा सोबती बचपन में फ्रॉक, निकर-वॉकर, ट्यूनिक आदि पहनती थी। बड़े होने पर कृष्णा सोबती चूड़ीदार और घेरदार कुर्ते पहनने लगी। दुपट्टे के स्थान पर अब कृष्णा सोबती को हिमाचली टोपियाँ पहनना पसंद आने लगा। आज के बच्चों की भाँति ही कृष्णा सोबती को चॉकलेट और पेस्ट्री पसंद थे।

____

____

____

____

अध्याय 7

विशेषण

1 बहुविकल्पीय प्रश्न

(क) विशेषण के कितने भेद होते हैं?

(i) 4 ☐ (ii) 5 ☐
(iii) 6 ☐ (iv) 7 ☐

(ख) जो शब्द विशेषण की विशेषता बताते हैं, वे क्या कहलाते हैं?

(i) क्रिया-विशेषण ☐ (ii) प्रविशेषण ☐
(iii) संज्ञावाचक विशेषण ☐ (iv) इनमें से कोई नहीं ☐

(ग) जिन शब्दों की विशेषता बताई जाती है, वे क्या कहलाते हैं?

(i) विशेष्य ☐ (ii) गुणवाचक विशेषण ☐
(iii) प्रविशेषण ☐ (iv) इनमें से कोई नहीं ☐

(घ) 'यह' शब्द का विशेषण होता है

(i) यहाँ ☐ (ii) यहीं ☐
(iii) ऐसा ☐ (iv) कैसा ☐

(ङ) सार्वनामिक विशेषण का दूसरा अन्य नाम है

(i) परिमाणवाचक विशेषण ☐ (ii) गुणवाचक विशेषण ☐
(iii) संख्यावाचक विशेषण ☐ (iv) संकेतवाचक विशेषण ☐

2 निर्देशानुसार छाँटकर लिखिए।

(क) सार्वनामिक विशेषणों को

(i) इस परीक्षार्थी ने नकल की है। ____________

(ii) वह लड़का बदमाश है। ____________

(ख) गुणवाचक विशेषणों को

(i) राम अत्यंत दयालु राजा थे। ____________

(ii) आज-कल के बच्चे अस्वस्थ हैं। ____________

(ग) परिमाणवाचक विशेषणों को

(i) श्याम के पिताजी आज आधा लीटर दूध लेकर आए। ____________

(ii) मैंने गरम पानी में कुछ बूँद शहद मिलाकर पीया है। ____________

(घ) संख्यावाचक विशेषणों को

(i) सभा में प्रत्येक व्यक्ति ने सहभागिता निभाई। ____________

(ii) मैं पंद्रह मिनट से बस की प्रतीक्षा कर रहा हूँ। ____________

3 दिए गए शब्दों को उनके उचित भेद के सामने लिखिए।

काला, जो, दस किलो, तीसरा, कोई, एक लीटर, पाँचों, लंबा

(क) गुणवाचक विशेषण ____________ ____________

(ख) परिमाणवाचक विशेषण ____________ ____________

(ग) संख्यावाचक विशेषण ____________ ____________

(घ) सार्वनामिक विशेषण ____________ ____________

4 नीचे दिए गए विशेषण और विशेष्य शब्दों का उचित मिलान कीजिए।

विशेषण	विशेष्य
(क) चतुर	(i) आम
(ख) मीठा	(ii) कार्य
(ग) नीला	(iii) लोमड़ी
(घ) ठंडा	(iv) आकाश
(ङ) जटिल	(v) पानी

5 नीचे दिए गए संज्ञा शब्दों में प्रत्ययों के योग से विशेषण बनाइए।

संज्ञा	प्रत्यय	विशेषण
(क) चमक +	ईला	____________
(ख) अर्थ +	इक	____________
(ग) बुद्धि +	मान	____________
(घ) धन +	ई	____________
(ङ) भारत +	ईय	____________
(च) दया +	वान	____________

6 निम्नलिखित विशेषणों से भाववाचक संज्ञा बनाइए।

विशेषण	भाववाचक संज्ञा	विशेषण	भाववाचक संज्ञा
(क) ललित	____________	(ख) लाल	____________
(ग) भोला	____________	(घ) कम	____________
(ङ) कटु	____________	(च) नीच	____________

7 नीचे दिए गए वाक्यों में से विशेषण और प्रविशेषण छाँटकर लिखिए।

(क) घोड़ा बहुत तेज़ दौड़ता है।

विशेषण ____________

प्रविशेषण ____________

(ख) राधा अत्यंत सुंदर है।

विशेषण ____________

प्रविशेषण ____________

(ग) कक्षा की दीवारों को ज़्यादातर सफ़ेद रंग से रंगा गया है।

विशेषण ____________

प्रविशेषण ____________

8 नीचे दिए गए रिक्त स्थानों को विशेषण की तुलनात्मक अवस्था से पूर्ण कीजिए।

मूलावस्था	उत्तरावस्था	उत्तमावस्था
(क) कोमल	....	कोमलतम
(ख)	निकटतर	निकटतम
(ग) गुरु	गुरुतर	....
(घ)	सुंदरतर	....

क्रिया

1 बहुविकल्पीय प्रश्न

(क) क्रिया का अर्थ है

(i) कर्ता के करने की इच्छा ☐ (ii) काम का समाप्त होना ☐

(iii) काम का करना या होना ☐ (iv) किसी की विशेषता बताना ☐

(ख) क्रिया के मूल रूप को क्या कहते हैं?

(i) धातु ☐ (ii) मूल ☐

(iii) जड़ ☐ (iv) मूलांश ☐

(ग) कर्म के आधार पर कौन क्रिया का भेद है?

(i) सामान्य क्रिया ☐ (ii) प्रेरणार्थक क्रिया ☐

(iii) सकर्मक क्रिया ☐ (iv) नामधातु क्रिया ☐

(घ) 'वह खाकर चला गया।' इस वाक्य में क्रिया के किस भेद का प्रयोग किया गया है?

(i) संयुक्त क्रिया ☐ (ii) पूर्वकालिक क्रिया ☐

(iii) सामान्य क्रिया ☐ (iv) इनमें से कोई नहीं ☐

(ङ) इनमें से कौन-सा क्रिया का भेद नहीं है?

(i) संयुक्त क्रिया ☐ (ii) प्रेरणार्थक क्रिया ☐

(iii) अनामधातु क्रिया ☐ (iv) पूर्वकालिक क्रिया ☐

2 नीचे कुछ मूल धातु दी गई हैं, उनको क्रिया रूप में परिवर्तित कीजिए।

मूल धातु	क्रिया
(क) रह	____________
(ख) गा	____________
(ग) चल	____________
(घ) खा	____________
(ङ) सो	____________

3 निम्नलिखित शब्दों से नामधातु क्रिया का निर्माण कीजिए।

शब्द	नामधातु क्रिया	शब्द	नामधातु क्रिया
(क) गाली	______	(ख) लात	______
(ग) लाज	______	(घ) शर्म	______

4 निम्नलिखित क्रिया से भाववाचक संज्ञा बनाइए।

क्रिया	भाववाचक	क्रिया	भाववाचक
(क) चढ़ना	______	(ख) धोना	______
(ग) बहना	______	(घ) पढ़ना	______

5 नीचे कुछ क्रिया शब्द दिए गए हैं। इन क्रिया शब्दों में से अकर्मक और सकर्मक क्रियाओं को चुनकर उचित स्थान पर लिखिए।

पीना, जागना, चिढ़ना, सोना, जगाना, देखना, रोना, तैरना

अकर्मक क्रिया	सकर्मक क्रिया
______	______
______	______
______	______
______	______

6 निम्नलिखित वाक्यों के सामने लिखिए कि उनमें क्रिया के सकर्मक या अकर्मक रूप में से किस रूप का प्रयोग किया गया है?

(क) राधा रोती है। ______

(ख) राम फल खाता है। ______

(ग) पक्षी उड़ते हैं। ______

(घ) सीता गीत गाती है। ______

(ङ) मोहन हँसता है। ______

7 नीचे दिए गए क्रिया के सामान्य रूप को प्रेरणार्थक क्रिया में बदलते हुए उनसे एक-एक वाक्य बनाइए।

क्रिया का सामान्य रूप	प्रेरणार्थक क्रिया	वाक्य में प्रयोग
(क) पढ़ना	______	______
(ख) लिखना	______	______
(ग) सुनना	______	______
(घ) खाना	______	______
(ङ) करना	______	______

काल

1. बहुविकल्पीय प्रश्न

(क) क्रिया के जिस रूप से किसी कार्य के होने के समय का बोध हो, उसे क्या कहते हैं?

(i) क्रिया-विशेषण ☐ (ii) क्रिया ☐
(iii) वाच्य ☐ (iv) काल ☐

(ख) "मैं घर पहुँच चुका हूँ।" इस वाक्य में भूतकालिक भेद का चयन कीजिए।

(i) पूर्ण भूत ☐ (ii) सामान्य भूत ☐
(iii) आसन्न भूत ☐ (iv) संदिग्ध भूत ☐

(ग) किस वाक्य में क्रिया सामान्य भूतकाल में है?

(i) उसने पुस्तक पढ़ी। ☐ (ii) उसने पुस्तक पढ़ी है। ☐
(iii) उसने पुस्तक पढ़ी होगी। ☐ (iv) उसने पुस्तक पढ़ी थी। ☐

(घ) "श्याम ने गाना गाया होगा।" वाक्य में प्रयुक्त है

(i) आसन्न भूत ☐ (ii) पूर्ण भूत ☐
(iii) संदिग्ध भूत ☐ (iv) अपूर्ण भूत ☐

(ङ) वर्तमान काल के कितने भेद हैं?

(i) तीन ☐ (ii) चार ☐
(iii) पाँच ☐ (iv) छः ☐

(च) किस वाक्य में क्रिया वर्तमान काल में है?

(i) उसने फल खा लिए थे। ☐ (ii) अचानक बिजली कौंध उठी। ☐
(iii) मैं तुम्हारा पत्र पढ़ रहा हूँ। ☐ (iv) कल वे आने वाले थे। ☐

2 नीचे दिए गए वाक्यों में काल के भेद बताइए।

वाक्य	काल के भेद
(क) राम ने पुस्तक पढ़ी।	____________
(ख) रीता अच्छा खाना पकाती है।	____________

(ग) आज वर्षा होगी। ______________

(घ) अगले वर्ष हम घूमने जाएँगे। ______________

(ङ) वर्षा हो रही है। ______________

3 कोष्ठक में दिए गए सही विकल्प छाँटकर लिखिए।

(क) सीता जा रही थी। ______________ (पूर्ण भूत/अपूर्ण भूत)

(ख) तुम पढ़ रहे हो। ______________ (पूर्ण वर्तमान/अपूर्ण वर्तमान)

(ग) दिनेश ने पत्र लिखा। ______________ (सामान्य भूत/पूर्ण भूत)

(घ) काश! तुम भी हमारे साथ हो जाओ। ______________ (सामान्य भविष्यत्/संभाव्य भविष्यत्)

4 कोष्ठक में दिए गए निर्देशानुसार वाक्य बदलिए।

(क) मैं मुंबई जाऊँगा। (वर्तमान काल)

____

(ख) सचिन क्रिकेट खेल रहा है। (भविष्यत् काल)

____

(ग) भारत-पाकिस्तान का मैच हो रहा है। (संदिग्ध वर्तमान काल)

____

(घ) आज वर्षा होगी। (संभाव्य भविष्यत्)

____

(ङ) मैंने पत्र लिखा था। (अपूर्ण भूत)

____

5 निर्देशानुसार उत्तर दीजिए।

(i) दिए गए संकेतों के आधार पर वर्तमान काल की क्रियाओं से रिक्त स्थान भरिए।

(क) रमेश और दिनेश हॉकी ______________ हैं। (खेलना)

(ख) मदारी बंदरों का खेल ______________ है। (दिखाना)

(ii) दिए गए संकेतों के आधार पर भविष्यत् काल की क्रियाओं से रिक्त स्थान भरिए।

(ग) वह कल स्कूल जरूर ______________ (आना)

(घ) मैं और दीपेश कल घूमने ______________ (जाना)

(iii) दिए गए संकेतों के आधार पर भूतकाल काल की क्रियाओं से रिक्त स्थान भरिए।

(ङ) हम अहमदाबाद ______________ । (पहुँचना)

(च) तुमने कितने आम ______________ ? (खाना)

अध्याय 10

वाच्य

1 बहुविकल्पीय प्रश्न

(क) वाच्य के कितने भेद होते हैं?

(i) दो ☐ (ii) तीन ☐

(iii) चार ☐ (iv) पाँच ☐

(ख) कौन-सा वाच्य सकर्मक और अकर्मक दोनों क्रियाओं से बनता है?

(i) कर्तृवाच्य ☐ (ii) कर्मवाच्य ☐

(iii) (i) और (ii) ☐ (iv) इनमें से कोई नहीं ☐

(ग) कौन-सा वाच्य सकर्मक क्रिया से बनता है?

(i) भाववाच्य ☐ (ii) कर्मवाच्य ☐

(iii) कर्तृवाच्य ☐ (iv) ये सभी ☐

(घ) "पूनम चाय पीती है।" वाक्य में कौन-सा वाच्य प्रयोग किया गया है?

(i) कर्मवाच्य ☐ (ii) भाववाच्य ☐

(iii) कर्तृवाच्य ☐ (iv) गुणवाच्य ☐

(ङ) भाववाच्य किस क्रिया से बनता है?

(i) अकर्मक ☐ (ii) सकर्मक ☐

(iii) द्विकर्मक ☐ (iv) (i) और (ii) ☐

2 निम्नलिखित वाक्यों में कौन-सा वाच्य है? बताइए।

वाक्य	वाच्य
(क) राम ने दूध पिया।	____________
(ख) गीत गाया गया।	____________
(ग) उससे चुप नहीं रहा जाता है।	____________
(घ) सुरेश के द्वारा पुस्तक पढ़ी जाती है।	____________
(ङ) गीता ने गाना गाया।	____________

3 निम्नलिखित वाक्यों को कर्मवाच्य में परिवर्तित कीजिए।

वाक्य	कर्मवाच्य
(क) रमेश लेख लिखता है।	__________
(ख) धोबी कपड़े धोता है।	__________
(ग) आप खीर खाते हैं।	__________
(घ) राम ने रावण को मारा।	__________
(ङ) पुलिस ने चोर को पकड़ा।	__________

4 निम्नलिखित वाक्यों को भाववाच्य में परिवर्तित कीजिए।

वाक्य	भाववाच्य
(क) रमेश क्रिकेट नहीं खेलता है।	__________
(ख) मैं तेज़ नहीं दौड़ता हूँ।	__________
(ग) लड़कियाँ गाना नहीं गातीं।	__________
(घ) तुम कुछ काम नहीं करते हो।	__________
(ङ) चूहे का यह बच्चा चलता नहीं है।	__________

5 निम्नलिखित वाक्यों को कर्तृवाच्य में परिवर्तित कीजिए।

वाक्य	कर्तृवाच्य
(क) तुम्हारे द्वारा रोया जा रहा था।	__________
(ख) राम द्वारा आम खाया जाता है।	__________
(ग) टीना द्वारा चाय बनाई जाती है।	__________
(घ) उसके द्वारा सोहन देखा गया है।	__________
(ङ) राजीव से खाना नहीं पकाया जाता है।	__________

अव्यय

1 बहुविकल्पीय प्रश्न

(क) निम्नलिखित में से कौन-सा शब्द क्रिया-विशेषण अव्यय है?

(i) तेज़ ☐ (ii) बुद्धिमान ☐
(iii) मीठा ☐ (iv) पहला ☐

(ख) अव्यय के मुख्य रूप से कितने भेद हैं?

(i) 4 ☐ (ii) 3 ☐
(iii) 6 ☐ (iv) 2 ☐

(ग) "यह श्रमिक बहुत मेहनत करता है।" यहाँ 'बहुत' पद किस अव्यय के भेद को दर्शाता है?

(i) कालवाचक ☐ (ii) रीतिवाचक ☐
(iii) स्थानवाचक ☐ (iv) परिमाणवाचक ☐

(घ) समुच्चयबोधक अव्यय के कितने उपभेद हैं?

(i) 2 ☐ (ii) 3 ☐
(iii) 4 ☐ (iv) इनमें से कोई नहीं ☐

(ङ) विस्मयादिबोधक शब्दों से कौन-सा भाव प्रकट होता है?

(i) आश्चर्य ☐ (ii) घृणा ☐
(iii) शोक ☐ (iv) ये सभी ☐

2 नीचे कुछ अव्यय शब्द दिए गए हैं, उन्हें उनके सही भेद से सुमेलित कीजिए।

अव्यय	भेद
(क) रातभर	(i) विस्मयादिबोधक अव्यय
(ख) जी हाँ!	(ii) रीतिवाचक क्रिया-विशेषण
(ग) अथवा	(iii) परिमाणबोधक क्रिया-विशेषण
(घ) धीरे	(iv) संबंधबोधक अव्यय

(ङ) दाएँ (v) समुच्चयबोधक अव्यय

(च) के सामने (vi) कालवाचक क्रिया-विशेषण

(छ) अति (vii) स्थानवाचक क्रिया-विशेषण

3 **नीचे दिए गए रिक्त स्थानों की पूर्ति उचित अव्यय शब्दों से कीजिए।**

बिना, हाय! प्रतिदिन, या, और

(क) रमेश ________ विद्यालय जाता है।

(ख) मनुष्य पानी के ________ जीवित नहीं रह सकता।

(ग) सूरज निकला ________ पक्षी बोलने लगे।

(घ) ________ ! वह चल बसा।

(ङ) हिंदी विषय का कार्य रमेश ________ सुरेश में से किसी को दे दीजिए।

4 **नीचे बॉक्स में कुछ अव्यय शब्द दिए गए हैं। दिए गए स्थान पर अव्यय भेद के सामने सही अव्यय शब्दों को चुनकर लिखिए।**

बाँयें, जब, केवल, अकस्मात्, प्रतिदिन, तुरंत, बस, बाहर, लगभग, निःसंदेह, इसलिए, उधर, लगातार, क्रमशः, संभवतः, साथ

अव्यय भेद	**अव्यय शब्द**
(क) स्थानवाचक क्रिया-विशेषण	________
(ख) कालवाचक क्रिया-विशेषण	________
(ग) परिमाणवाचक क्रिया-विशेषण	________
(घ) रीतिवाचक क्रिया-विशेषण	________

5 **नीचे दिए गए अव्यय शब्दों का प्रयोग करते हुए सार्थक वाक्य का निर्माण कीजिए।**

(क) शाबाश! ________

(ख) की ओर ________

(ग) तो ________

(घ) के पीछे ________

(ङ) यहाँ ________

(अध्याय 12)

उपसर्ग एवं प्रत्यय

1 निम्नलिखित उपसर्गों का प्रयोग करते हुए दो–दो शब्द बनाइए।

उपसर्ग	शब्द	शब्द
(क) स	______	______
(ख) भर	______	______
(ग) अ	______	______
(घ) उप	______	______
(ङ) सु	______	______
(च) आ	______	______
(छ) कम	______	______

2 निम्नलिखित शब्दों से उपसर्ग शब्दांश को अलग करके लिखिए।

(क) उपयुक्त ______

(ख) हमउम्र ______

(ग) पराधीन ______

(घ) कुचाल ______

(ङ) खुशहाल ______

(च) सरताज ______

(छ) बदतमीज़ ______

3 नीचे दिए गए शब्दों में किसी एक ही प्रकार के उपसर्ग शब्दांश का प्रयोग कीजिए, जिससे शब्दों की सार्थकता बनी रहे।

उपसर्ग	शब्द
(क) ________	ख्यात
(ख) ________	चार
(ग) ________	सार
(घ) ________	गति
(ङ) ________	वेग
(च) ________	योग
(छ) ________	स्थान

4 निम्नलिखित प्रत्ययों का प्रयोग करते हुए दो-दो शब्दांश को अलग करके लिखिए।

प्रत्यय	शब्द	
(क) दान	________	________
(ख) बान	________	________
(ग) नाक	________	________
(घ) आवट	________	________
(ङ) हार	________	________
(च) अक्कड़	________	________
(छ) आऊ	________	________

5 निम्नलिखित शब्दों में प्रयुक्त प्रत्यय शब्दांश को अलग करके लिखिए।

शब्द	प्रत्यय
(क) रंगाई	________
(ख) प्रचुरता	________
(ग) ठकुराइन	________
(घ) स्वार्थी	________
(ङ) राष्ट्रीय	________
(च) लड़कपन	________
(छ) चुगलखोर	________

6 नीचे दिए गए शब्दों में किसी एक ही प्रकार के प्रत्यय शब्दांश का प्रयोग कीजिए, जिससे शब्दों के अर्थ बने रहें।

शब्द	प्रत्यय
(क) मनुष्य	________
(ख) सुंदर	________
(ग) लघु	________
(घ) पशु	________
(ङ) वीर	________
(च) मधुर	________
(छ) जीवंत	________

7 निम्नलिखित शब्दों में से उपसर्ग, मूल शब्द और प्रत्यय अलग-अलग करके लिखिए।

शब्द	उपसर्ग	मूल शब्द	प्रत्यय
(क) दुस्साहसी	________	________	________
(ख) स्वतंत्रता	________	________	________
(ग) सफलता	________	________	________
(घ) बदनामी	________	________	________
(ङ) निर्धनता	________	________	________
(च) अपमानित	________	________	________
(छ) बेचैनी	________	________	________

8 उपसर्गों और मूल शब्द के योग से रिक्त स्थानों की पूर्ति करते हुए नए शब्दों का निर्माण कीजिए।

उपसर्ग		मूलशब्द	शब्द		उपसर्ग	मूलशब्द	शब्द
(क) बे	+	________	बेवजह	(ख)	________	+ परवाह	= लापरवाह
(ग) परा	+	________	पराक्रम	(घ)	________	+ गमन	= निगमन
(ङ) अप	+	________	अपशब्द	(च)	________	+ देश	= स्वदेश

9 मूल शब्दों और प्रत्यय के योग से रिक्त स्थानों की पूर्ति करते हुए शब्दों का निर्माण कीजिए।

मूलशब्द		प्रत्यय	शब्द		मूलशब्द	प्रत्यय	शब्द
(क) पी	+	पियक्कड़	________	(ख)	________	+ आई	= लिखाई
(ग) डर	+	डरावना	________	(घ)	________	+ इक	= मौखिक
(ङ) गुल	+	गुलाब	________	(च)	________	+ ई	= दासी

अध्याय 13

संधि

1 बहुविकल्पीय प्रश्न

(क) 'धरेश' का सही संधि-विच्छेद है

(i) धरा + इश ☐ (ii) धरा : + अश ☐

(iii) धरा + ईश ☐ (iv) धर + ईश ☐

(ख) संधि के कितने भेद होते हैं?

(i) चार ☐ (ii) दो ☐

(iii) पाँच ☐ (iv) तीन ☐

(ग) 'अ + इ' = 'ए' स्वर संधि के किस भेद को व्यक्त करता है?

(i) गुण संधि ☐ (ii) यण् संधि ☐

(iii) वृद्धि संधि ☐ (iv) दीर्घ संधि ☐

(घ) स्वर संधि के कितने प्रकार होते हैं?

(i) दो ☐ (ii) पाँच ☐

(iii) तीन ☐ (iv) चार ☐

(ङ) निम्नलिखित शब्दों में से किसमें विसर्ग संधि है?

(i) उज्ज्वल ☐ (ii) निश्चल ☐

(iii) दुर्गम ☐ (iv) राजेंद्र ☐

2 निम्नलिखित वाक्यों में संधि विच्छेद किए गए कुछ शब्द है, उनकी संधि करते हुए पुनः वाक्य को लिखिए।

(क) रवी + इंद्र और राका + ईश विद्या + आलय जाते हैं।

____

(ख) कल मैंने और योग + इंद्र ने हिम + आलय देखा।

____

(ग) हमें अतिथि का सदा + एव सु + आगत करना चाहिए।

(घ) आँख का पर्यायवाची शब्द ने + अन होता है।

(ङ) तुम्हारी बातें हमेशा से ही निः + आधार होती हैं।

3 निम्नलिखित शब्दों का उनके सही संधि भेदों से मिलान कीजिए।

शब्द	संधि भेद
(क) गिरीश	(i) व्यंजन संधि
(ख) परमेश्वर	(ii) यण् संधि
(ग) न्यून	(iii) विसर्ग संधि
(घ) गवीश	(iv) दीर्घ संधि
(ङ) सज्जन	(v) गुण संधि
(च) मनोरथ	(vi) वृद्धि संधि
(छ) एकैक	(vii) अयादि संधि

4 निम्नलिखित शब्दों से संधि-विच्छेद करके स्वर संधि का नाम लिखिए।

शब्द	संधि-विच्छेद	स्वर संधि का नाम
(क) कवींद्र		
(ख) वनौषधि		
(ग) अत्यधिक		
(घ) पूर्वोक्त		
(ङ) भावुक		

5 निम्नलिखित शब्दों की संधि कीजिए।

शब्द	संधि	शब्द	संधि
(क) वधू + उत्सव		(ख) यदि + अपि	
(ग) दंत + ओष्ठ		(घ) नौ + इक	
(ङ) परम + अर्थ		(च) पो + अन	

[अध्याय 14]

समास

1 नीचे दिए गए समस्त-पदों को उनके उचित भेद से सुमेलित कीजिए।

समस्त-पद	उचित भेद
(क) पदच्युत	(i) बहुव्रीहि समास
(ख) अपना-पराया	(ii) द्विगु समास
(ग) लंबोदर	(iii) नञ् समास
(घ) दोपहर	(iv) तत्पुरुष समास
(ङ) गैरवाजिब	(v) द्वंद्व समास

2 नीचे दिए गए समास विग्रह का समस्त-पद बनाइए।

समास विग्रह	समस्त-पद
(क) हाथ-ही-हाथ में	________
(ख) प्रयोग के लिए शाला	________
(ग) लाल है जो मणि	________
(घ) तीन रंगों का समूह	________
(ङ) घन के समान श्याम है, जो	________
(च) राजा और प्रजा	________

3 नीचे दिए गए समस्त-पद का समास विग्रह कीजिए।

समस्त-पद	समास विग्रह
(क) नवरात्र	________
(ख) लोटा-डोरी	________
(ग) लोकप्रिय	________

(घ) कमलनयन ____________

(ङ) यथासमय ____________

(च) चतुरानन ____________

4 **नीचे कोष्ठक में दिए गए निर्देशानुसार समस्त-पदों का विग्रह कीजिए।**

(क) नीलकंठ (कर्मधारय समास) ____________

नीलकंठ (बहुव्रीहि समास) ____________

(ख) लंबोदर (कर्मधारय समास) ____________

लंबोदर (बहुव्रीहि समास) ____________

(ग) चतुर्भुज (द्विगु समास) ____________

चतुर्भुज (बहुव्रीहि समास) ____________

(घ) पंचवटी (द्विगु समास) ____________

पंचवटी (बहुव्रीहि समास) ____________

(ङ) दशानन (द्विगु समास) ____________

दशानन (बहुव्रीहि समास) ____________

5 **नीचे दिए गए वाक्यों में 'समास विग्रह' दिया गया है, जिसको समस्त-पद में बदलते हुए पुनः वाक्यों को लिखिए।**

(क) यदि तुमने इस प्रश्न को हल कर दिया, तो मैं तुम्हें 'मुँह से माँगा' इनाम दूँगा।

____

(ख) डॉ. ए. पी. जे. अब्दुल कलाम 'भारत के रत्न' हैं।

____

(ग) जीवन में 'सुख और दुःख' का आना-जाना लगा ही रहता है।

____

(घ) तुम उस व्यक्ति से पैसे क्यों लेते हो, वह तो पहले से ही धन से हीन है।

____

(ङ) हमें प्रत्येक दिन कुछ न कुछ अच्छे कार्य करने चाहिए।

____

अध्याय 15

वाक्य विचार

1 बहुविकल्पीय प्रश्न

(क) वाक्य के भेद का विभाजन हम कितने आधारों पर करते हैं?

(i) 8 ☐ (ii) 2 ☐

(iii) 7 ☐ (iv) 1 ☐

(ख) "तुम क्रिकेट खेलते हो पर अच्छा नहीं।" वाक्य में कौन-सा प्रकार है?

(i) सरल वाक्य ☐ (ii) संयुक्त वाक्य ☐

(iii) मिश्र वाक्य ☐ (iv) इनमें से कोई नहीं ☐

(ग) निम्न में से कौन-सा अर्थ की दृष्टि से वाक्य का भेद नहीं है?

(i) निषेधवाचक ☐ (ii) ज्ञानवाचक ☐

(iii) प्रश्नवाचक ☐ (iv) संकेतवाचक ☐

(घ) रचना की दृष्टि से वाक्य का भेद है

(i) निर्माणवाचक वाक्य ☐ (ii) समानार्थकवाचक वाक्य ☐

(iii) मिश्र वाक्य ☐ (iv) अमिश्र वाक्य ☐

(ङ) "वह घर गया होगा।" वाक्य में कौन-सा भेद है?

(i) संदेहवाचक ☐ (ii) विधानवाचक ☐

(iii) इच्छावाचक ☐ (iv) इनमें से कोई नहीं ☐

(च) "तुम सदा सुखी रहो।" वाक्य में कौन-सा भेद है?

(i) विधानवाचक ☐ (ii) संदेहवाचक ☐

(iii) इच्छावाचक ☐ (iv) आज्ञावाचक ☐

(छ) "तुम यहीं ठहरो।" में कौन-सा वाक्य भेद है?

(i) विस्मयसूचक ☐ (ii) निषेधवाचक ☐

(iii) विधानवाचक ☐ (iv) आज्ञावाचक ☐

2 **नीचे दिए गए वाक्यों के शब्दों के क्रम को अदल-बदल कर सार्थक वाक्य बनाइए।**

(क) रखी है मेज पर एक पुस्तक। ____________

(ख) बच्चों को काटकर सेब खिलाओ। ____________

(ग) छप गई है एक पुस्तक संपादन में मेरे। ____________

(घ) नाव में पानी तैरती है। ____________

(ङ) दोनों ही हिंदी और अंग्रेज़ी बोल भाषाएँ काव्या लेती है। ____________

3 **निम्नलिखित वाक्यों में से उद्देश्य और विधेय छाँटकर लिखिए।**

(क) राजन क्रिकेट खेलने गया है।

उद्देश्य ____________

विधेय ____________

(ख) हमें सदैव सत्य बोलना चाहिए।

उद्देश्य ____________

विधेय ____________

(ग) लक्ष्मण ने अच्छी चाय बनाई है।

उद्देश्य ____________

विधेय ____________

4 **दिए गए वाक्यों को निर्देशानुसार परिवर्तित कीजिए।**

(क) वह खाना खाकर सो गया। *(संयुक्त वाक्य में)*

____

(ख) सूर्योदय हुआ और कुहासा जाता रहा। *(सरल वाक्य में)*

____

(ग) राम के आने पर मोहन जाएगा। *(मिश्र वाक्य में)*

____

5 **दिए गए वाक्यों को निर्देशानुसार परिवर्तित कीजिए।**

(क) रमेश विद्यालय जाता है। *(निषेधवाचक)*

____

(ख) उसके माता-पिता दोनों ही चल बसे। *(विस्मयवाचक)*

____

(ग) मैंने कार्य नहीं किया है। *(विधानवाचक)*

(घ) तुमने अपना गृह-कार्य कर लिया है। *(प्रश्नवाचक)*

(ङ) राम आया है। *(संदेहवाचक)*

6 **वाक्य का भेद बताइए**

(क) राम विद्यालय जाता है। (संदेहवाचक/विधानवाचक)

(ख) आज हम खेलने नहीं जाएँगे। (विधानवाचक/निषेधवाचक)

(ग) आपके पास कितने घर हैं? (प्रश्नवाचक/संकेतवाचक)

(घ) वाह! कितना सुहावना मौसम है। (संदेहवाचक/विस्मयवाचक)

(ङ) यदि वर्षा होती तो फसलें अच्छी होतीं। (संकेतवाचक/विधानवाचक)

7 **सही वाक्य के सामने (✓) तथा गलत वाक्य के सामने (×) का चिह्न लगाइए।**

(क) आप क्रिकेट खेलता है। ☐

(ख) रमेश ने अपना कार्य समाप्त कर दिया है। ☐

(ग) हिंदी की पुस्तक मेज में रखा है। ☐

(घ) बच्चे कक्षा में बहुत शोर मचा रहे हैं। ☐

(ङ) अपना काम स्वयं करो। ☐

अध्याय 1

अनुच्छेद-लेखन

अनुच्छेद-लेखन का प्रारूप

निम्नलिखित संकेत बिंदुओं को ध्यान में रखकर 80-100 शब्दों में अनुच्छेद लिखिए

- विज्ञापन का महत्त्व
- विज्ञापन से होने वाले लाभ
- कुछ विज्ञापनों की खामियाँ

① विषय

विज्ञापन का महत्त्व

② प्रस्तावना

विज्ञापन वर्तमान युग का अभिन्न अंग है। कुछ वर्ष पूर्व तक हमें प्राचीन समय की किसी भी जानकारी के लिए अपने मित्रों, पड़ोसियों तथा सहयोगियों से पूछताछ करनी पड़ती थी, परंतु आज विज्ञापन एक ऐसा सशक्त माध्यम बन चुका है, जिससे किसी भी प्रकार की सूचना व जानकारी प्राप्त करना अत्यंत सरल है।

③ विषय-वस्तु

विज्ञापन से हमें पलक झपकते ही सभी प्रकार के उत्पादन, ब्रांड आदि की जानकारी मिलती है, जिसे हम अपने जीवन में प्रयोग कर सकते हैं। कभी-कभी कुछ विज्ञापन ऐसे होते हैं, जो हमारे जीवन को क्षति पहुँचाते हैं उनका प्रचार इस तरह किया जाता है कि उन्हें खरीदकर हमें नुकसान झेलना पड़ता है।

④ उपसंहार

घर से निकलते ही हर चौराहे, सड़क, टी.वी., रेडियो, इंटरनेट आदि पर विज्ञापन दिखाई देते हैं, जो हमारे जीवन का मुख्य अंग बन चुके हैं। निश्चय ही आने वाले कल में इसकी महत्ता और बढ़ेगी।

अभ्यास प्रश्न

1 नीचे दिए गए विषयों पर 80-100 शब्दों में अनुच्छेद लिखिए।

(i) हमारा राष्ट्रीय ध्वज, हमारी शान

(ii) जीवन में मनोरंजन की महत्ता

(iii) मेरा प्रिय खेल

2 निम्नलिखित संकेत बिंदुओं को ध्यान में रखकर 80-100 शब्दों में अनुच्छेद लिखिए।

(i) विद्यालय का वार्षिकोत्सव

- वार्षिकोत्सव की तैयारियाँ
- वार्षिकोत्सव का दिन
- सांस्कृतिक कार्यक्रम का आयोजन

(ii) मिसाइल मैन 'डॉ. ए. पी. जे. अब्दुल कलाम'

- जन्म-स्थान एवं बचपन
- प्रसिद्ध वैज्ञानिक एवं राष्ट्रपति
- आदर्श व्यक्तित्व

(iii) मेरी प्यारी-सी साइकिल

- जन्मदिन का उपहार
- सुबह-शाम सैर का साधन
- समय बचाने और स्वस्थ रहने का साधन

3 आप अपने नानाजी के घर दिल्ली गए थे। वहाँ प्रगति मैदान में आपने पुस्तक मेला देखा। दिल्ली के प्रगति मैदान में आपने कई रोचक और ज्ञानवर्धक पुस्तकें देखीं। विभिन्न भाषाओं और विषयों की पुस्तकों का वर्णन करते हुए 80-100 शब्दों में अनुच्छेद लिखिए।

4 आप अपने पिताजी के साथ रेलवे स्टेशन गए थे। वहाँ की भीड़, शोर, आती-जाती रेलगाड़ियाँ, वहाँ फ़ैली गंदगी का वर्णन करते हुए 80-100 शब्दों में अनुच्छेद लिखिए।

5 परीक्षा का नाम सुनते ही मन में एक अनजाना-सा भय जाग उठता है। परीक्षा के पहले तरह-तरह के भाव-विचार हमारे मन में उठते हैं, जो परीक्षा के बाद समाप्त हो जाते हैं। परीक्षा के पहले आपने कैसा अनुभव किया एक अनुच्छेद में लिखिए।

6 आप दिल्ली की मेट्रो यात्रा के प्रति बड़े उत्साहित और जिज्ञासु थे। साकेत में रहने वाली अपनी नानी के घर जाते समय आपने यह यात्रा की। इस यात्रा का अनुभव एक अनुच्छेद में लिखिए।

(अध्याय 2)

निबंध-लेखन

निबंध लेखन का प्रारूप

'मेरा प्रिय मित्र' विषय पर 200 शब्दों में निबंध लिखिए।

① विषय

मेरा प्रिय मित्र

② प्रस्तावना

मनुष्य का सुख-दु:ख से अत्यंत गहरा रिश्ता है। उसके जीवन में सुख-दु:ख आते-जाते रहते हैं। ऐसे में उसे एक ऐसे निकटस्थ व्यक्ति की ज़रूरत होती है, जिसे वह इस सुख-दु:ख में शामिल कर सके। ऐसे ही व्यक्ति को मित्र कहते हैं। ऐसा व्यक्ति नि:स्वार्थ भाव से हमारे सुख-दु:ख में साथ निभाता है और आपत्तिकाल में हमारी मदद करता है।

सौभाग्य से मुझे भी सुख-दु:ख में साथ देने वाला एक अच्छा मित्र मिल गया है, जिसका नाम मयंक है। मयंक मेरा सहपाठी है। मेरे और उसके विचार आपस में मिलते हैं। यही हमारी मित्रता का आधार है।

③ विषय वस्तु

मयंक व्यवहार कुशल विद्यार्थी है। उसके इस गुण की प्रशंसा सदैव सहपाठियों के साथ-साथ अध्यापक और प्रधानाचार्य भी करते हैं। वह सबसे विनम्र व्यवहार करता है। वह पढ़ाई में कमज़ोर छात्रों की मदद करता है। वह पढ़ाई के साथ अन्य पाठ्य सहगामी क्रियाओं में भी उत्साहपूर्वक भाग लेता है। सांस्कृतिक कार्यक्रमों एवं खेलों में भाग लेकर वह अपनी बहुमुखी प्रतिभा का प्रमाण देता है। अपने इन गुणों के कारण मयंक विद्यालय और घर में सबकी आँखों का तारा है।

④ उपसंहार

मयंक का साथ पाकर मैंने अपने व्यवहार को सुधारने का प्रयास किया है। प्रतिदिन समय से विद्यालय आना और ज़रूरतमंद विद्यार्थियों की मदद करना मैंने उसी से सीखा है। मुझे अपने मित्र पर गर्व है। वह 'बिपत्ति कसौटी से कसे, तेई साँचे मीत' की उक्ति को चरितार्थ करता है।

अभ्यास प्रश्न

1 निम्नलिखित शीर्षकों पर लगभग 200 शब्दों में निबंध लिखिए।

(i) आदर्श विद्यार्थी

(ii) मेरी पहली रेलयात्रा

(iii) मेरा प्रिय नेता या सुभाषचंद्र बोस

(iv) व्यायाम का महत्त्व

2 नीचे दिए गए संकेत बिंदुओं के आधार पर लगभग 200 शब्दों में निबंध लिखिए।

(i) वर्षा ऋतु *अथवा* मेरी प्रिय ऋतु

- भारत की ऋतुएँ
- जीवनदायी वर्षा ऋतु
- प्रिय होने का कारण
- अधिक वर्षा की हानियाँ

(ii) मेरा प्रिय त्योहार

- जीवन में खुशियाँ भरते त्योहार
- त्योहार का नाम और मनाए जाने का समय
- मनाए जाने का कारण और तरीका
- एकता का संदेश देते त्योहार

(iii) मेरा प्रिय खेल

- खेलों की आवश्यकता
- प्रिय लगने का कारण
- खेल का नाम एवं खेलने के नियम
- खेल कितने ज़रूरी

3 आपने देखा होगा कि अच्छी संगति में पड़कर मनुष्य उन्नति करता है और बुरी संगति में पड़कर अपना जीवन बर्बाद कर लेता है। सत्संगति का महत्त्व बताते हुए निबंध लिखिए।

4 कुछ लोग आज का काम कल पर टालते हैं और नुकसान उठाते हैं। वे समय का महत्त्व नहीं समझते हैं और उसे व्यर्थ में गँवाते हैं। समय का महत्त्व बताते हुए निबंध लिखिए।

5 आपको भारत की राजधानी दिल्ली भ्रमण का अवसर मिला। आपने दिल्ली के अनेक दर्शनीय स्थल देखे और उनसे मनोरंजन एवं ज्ञानवर्धन किया। आपने जो कुछ देखा उसका वर्णन करते हुए निबंध लिखिए।

6 आज विज्ञान के प्रभाव के कारण दुनिया बदल गई है। विज्ञान के कारण जीवन आसान बन गया है। विज्ञान के लाभों का वर्णन करते हुए एक निबंध लिखिए।

पत्र-लेखन

औपचारिक-पत्र का प्रारूप

आप अपने विद्यालय के छठी कक्षा के छात्र हैं। आपके पिताजी की मासिक आय अत्यधिक कम है। अतः पुस्तकें व वर्दी प्रदान करवाने हेतु प्रधानाचार्य को प्रार्थना-पत्र लिखिए।

(1) विद्यालय का नाम व पता

सेवा में,
श्रीमान प्रधानाचार्य जी,
रा.उ.मा.बा. विद्यालय,
कल्याणपुरी, दिल्ली।

(2) विषय

विषय प्रधानाचार्य से पुस्तकें व वर्दी प्राप्त करने के संबंध में।

(3) संबोधन

महोदय,

(4) विषय-वस्तु

सविनय निवेदन यह है कि मैं आपके विद्यालय की छठी कक्षा का छात्र हूँ। मेरे पिताजी की मासिक आय मात्र एक हज़ार रुपये है। इसके अतिरिक्त आय का कोई स्रोत नहीं है। परिवार का व्यय आय से अधिक है। हम कुल सात सदस्य हैं, जिनका जीवन निर्वाह करना मेरे पिताजी के लिए अत्यंत कठिन है। वे मेरे लिए पुस्तकें व वर्दी खरीदने में असमर्थ हैं।

(5) समापन

अतः आपसे प्रार्थना है कि मुझे विद्यालय से पुस्तकें तथा वर्दी प्रदान करने का कष्ट करें। आपकी अति कृपा होगी।

(6) अभिनिवेदन

सधन्यवाद

(7) स्वविशेषण

आपका आज्ञाकारी शिष्य,

(8) विद्यार्थी का नाम, कक्षा तथा अनुक्रमांक

नाम- अ ब स
कक्षा- छठी 'ब'
अनुक्रमांक- 10

(9) दिनांक

दिनांक ....

अभ्यास प्रश्न

प्रार्थना-पत्र

1 अपने विद्यालय के प्रधानाचार्य को दो दिन के अवकाश हेतु प्रार्थना-पत्र लिखिए।

2 सेक्शन (वर्ग) बदलवाने के लिए अपने विद्यालय के प्रधानाचार्य को प्रार्थना-पत्र लिखिए।

3 मध्यांतर में खेलते समय आपसे विद्यालय का एक गमला टूट गया है। इसके लिए क्षमा माँगते हुए अपने विद्यालय के प्रधानाचार्य को पत्र लिखिए।

4 अपने विद्यालय में कंप्यूटर कक्षाएँ आयोजित करवाने हेतु प्रधानाचार्य को प्रार्थना-पत्र लिखिए।

5 अपने विद्यालय में पुस्तक मेला आयोजित करवाने हेतु उप-शिक्षा निदेशक को प्रार्थना-पत्र लिखिए।

6 अपने विद्यालय में वाद-विवाद प्रतियोगिता का आयोजन करवाने हेतु प्रधानाचार्य को प्रार्थना-पत्र लिखिए।

शिकायती-पत्र

1 आपके विद्यालय के सामने कुछ फलवाले कटे फल बेचते रहते हैं। इसकी शिकायत करते हुए स्वास्थ्य निरीक्षक को पत्र लिखिए।

2 दूषित पेयजल की समस्या की ओर ध्यान आकृष्ट करने हेतु जल निगम अधिकारी को पत्र लिखिए।

व्यावसायिक-पत्र

1 प्रेमचंद एवं जयशंकर प्रसाद की कहानियों की कुछ पुस्तकें मँगवाने हेतु किसी प्रसिद्ध पुस्तक विक्रेता को पत्र लिखिए।

2 आपके विद्यालय में खेल-सामग्री का अभाव है। खेल-सामग्री की पूर्ति हेतु खेल-सामग्री विक्रेता को एक पत्र लिखिए।

कार्यालयी-पत्र

1 अपनी कॉलोनी में सार्वजनिक नल लगवाने हेतु दिल्ली नगर निगम के आयुक्त को पत्र लिखिए।

2 आपके कॉलोनी में यातायात संबंधी समस्याएँ हैं। इन समस्याओं को दूर करने हेतु परिवहन निगम के अध्यक्ष को पत्र लिखिए, जिसमें आपके गाँव/कॉलोनी तक बस चलाने का अनुरोध हो।

अनौपचारिक-पत्र का प्रारूप

आपका भाई कुसंगति के जाल में फँस गया है, जिसे मार्गदर्शन दिखाने वाला कोई नहीं है। आप अपने भाई को कुसंगति की हानियों से अवगत कराते हुए, उसे अच्छी संगत का लाभ बताते हुए एक पत्र लिखिए।

① पत्र भेजने वाले (प्रेषक) का पता	ए-5/12 गाँधी मार्ग, दिल्ली।
② दिनांक	दिनांक 25 अक्टूबर, 2015
③ संबोधन	प्रिय अनुज पंकज,
④ अभिवादन	सप्रेम नमस्ते
⑤ विषय-वस्तु	कल मुझे तुम्हारे प्रधानाचार्य का पत्र मिला, जिससे मुझे ज्ञात हुआ कि तुम अच्छे संगति के लोगों के साथ नहीं रह रहे हो। तुम पढ़ाई में मन न लगाकर बुरे लड़कों के साथ रहते हो। यही कारण है कि तुम प्रथम सत्र में अनुत्तीर्ण हो गए। बुरे लोगों की संगति जीवन को बर्बाद कर देती है। इससे तुम्हारा जीवन अंधकारमय हो जाएगा। सभी विद्वान् तथा आदर्शवादी व्यक्तियों ने सत्संगति का जीवन में महत्त्व बताया है, जिससे हमारा जीवन निरंतर प्रगति की ओर बढ़ता है। यह समय विद्यार्जन का है। तुम तपस्या व परिश्रम से ही उन्नति की चरम सीमा तक पहुँच सकते हो, लेकिन यह तभी संभव हो सकता है, जब तुम कुसंगति छोड़ सत्संगति को अपनाओ।
⑥ समापन	आशा करता हूँ कि तुम कुसंगति को छोड़कर सत्संगति को अपनाओगे और अपने जीवन को सुखद बनाओगे।
⑦ अभिनिवेदन	तुम्हारा भाई
⑧ प्रेषक का नाम/हस्ताक्षर	राहुल प्रजापति

अभ्यास प्रश्न

1 विज्ञान की आवश्यक पुस्तकें खरीदने हेतु आपको एक हज़ार रुपये की आवश्यकता है। रुपये मँगवाने हेतु अपने पिताजी को पत्र लिखिए।

2 आपके बड़े भाई ने आपके जन्मदिन पर उपहारस्वरूप 'स्वामी विवेकानंद की जीवनी' नामक पुस्तक भेजी है। उन्हें धन्यवाद देते हुए पत्र लिखिए।

3 प्रातः काल भ्रमण एवं नियमित रूप से व्यायाम करने की सलाह देते हुए छोटी बहन को पत्र लिखिए।

4 पढ़ाई पर ध्यान देने एवं नियमित विद्यालय जाने की सलाह देते हुए अपने छोटे भाई को पत्र लिखिए।

5 अपने नए मित्र की विशेषताएँ बताते हुए अपनी माता जी को पत्र लिखिए।

6 अधिकाधिक वृक्ष लगाने तथा उनकी देखभाल करने की सलाह देते हुए अपने मित्र को पत्र लिखिए।

7 अपने मित्र को जन्मदिन की बधाई देते हुए पत्र लिखिए।

8 अपने पिताजी को पत्र लिखकर अपने विद्यालय के वार्षिकोत्सव पर निमंत्रण दीजिए।

(अध्याय 4)

कहानी-लेखन

कहानी-लेखन का प्रारूप

नीचे लिखे विषय को पढ़कर कहानी लिखिए तथा उससे प्राप्त शिक्षा का उल्लेख कीजिए।

① शीर्षक (विषय)

कथनी और करनी

② प्रस्तावना

एक साधु ने एक तोते को पाला था। वह तोते को शिकारी से बचने के लिए शिक्षा देता था। शब्दों को धीरे-धीरे सीखने के बाद साधु ने तोते को एक पाठ सिखाया–''शिकारी आएगा, जाल बिछाएगा, दाना डालेगा पर फँसना मत।'' धीरे-धीरे तोते ने यह पाठ याद कर लिया था।

③ विषय-वस्तु

साधु एक दिन यज्ञ के लिए आश्रम से दूर चले गए थे, लेकिन तोता हर समय यही पाठ रटता रहता था–''शिकारी आएगा, जाल बिछाएगा, दाना डालेगा पर फँसना मत।'' तभी एक शिकारी आया जाल बिछाया, दाना डाला और छुप गया। तोता प्रतिदिन पाठ रटने के बावजूद अन्य पक्षियों के साथ जाल में फँस गया और शिकारी

④ उपसंहार

उन्हें पकड़कर ले गया। तोता साधु का सिखाया पाठ रटता तो था, परंतु व्यवहार में नहीं ला सका।

⑤ शिक्षा

इस कहानी से हमें शिक्षा मिलती है कि जीवन में जो कहो उसे अपने व्यवहार में भी लाओ।

अभ्यास प्रश्न

1 नीचे लिखे विषयों को पढ़कर कहानी लिखिए तथा उससे प्राप्त शिक्षा का उल्लेख कीजिए।

(i) लालच का फल

(ii) एकता में बल

(iii) बुद्धि ही बल है

2 नीचे दिए गए संकेत बिंदुओं के आधार पर कहानी लिखिए।

(i) जंगल में स्थित एक गुफा

- गुफा के मालिक सियार का भोजन की तलाश में जाना
- शेर का आना और शाम को गुफा में आराम करना
- सियार द्वारा शेर के पंजों के निशान देखकर चौकन्ना होना
- गुफा में आवाज़ लगाना
- शेर द्वारा जवाब देना
- सियार का भागकर दूर चले जाना

(ii) किसी जंगल में आम के पेड़ पर बैठा कौआ

- चोंच में रोटी का टुकड़ा
- लोमड़ी का आना
- गाना सुनाने की जिद्द करना
- कौए का रोटी के टुकड़े को पंजे में दबाना और गाना सुनाना
- लोमड़ी का निराश होकर दूर चले जाना

(iii) रास्ते के किनारे किसी अत्यंत वृद्ध द्वारा आम के छोटे–छोटे पेड़ लगाना

- राजा का उसी रास्ते से गुजरना
- वृद्ध द्वारा राजा को सलाम करना
- राजा द्वारा घोड़े से उतरकर इस अवस्था में पौधे लगाने का कारण पूछना
- वृद्ध द्वारा जवाब देना
- राजा द्वारा खुश होना और राज्य भर में पेड़ लगाने का आदेश देना

3 निम्नलिखित चित्रों को ध्यानपूर्वक देखते हुए उनके घटनाक्रम को जोड़कर कहानी लिखिए तथा उससे प्राप्त शिक्षा का वर्णन कीजिए

(i)

(ii)

[अध्याय 5]

दृश्य-वर्णन

दृश्य-वर्णन का प्रारूप

☑ *नीचे दिए गए चित्रों को ध्यानपूर्वक देखिए और अपनी कल्पना के आधार पर इनका वर्णन कीजिए।*

① विषय

चाय की दुकान का दृश्य

② प्रस्तावना

प्रस्तुत चित्र में एक बच्चा है, जिसकी उम्र लगभग दस-बारह वर्ष होगी। बच्चा चाय बना रहा है, उसके सामने स्टोव जल रहा है। चित्र किसी चाय की दुकान का लग रहा है। इतनी छोटी उम्र में उसे पढ़ने व खेलने के स्थान पर बाल-मज़दूरी करनी पड़ रही है।

③ विषय-वस्तु

चित्र को देखकर मुझे एक बात याद आई। एक बार मैं अपने कुछ मित्रों के साथ एक चाय की दुकान पर गई, जहाँ एक बच्चा हमारी मेज़ साफ़ करने आया, हमने उसके जीवन के बारे में पूछा और उसने हमें अपनी मजबूरी को बताया। हमने उसका दाखिला एक विद्यालय में करवाया, जहाँ निःशुल्क शिक्षा दी जाती थी।

④ उपसंहार

आज वह अपनी शैक्षणिक योग्यता के कारण छात्रवृत्ति प्राप्त कर अपनी उच्च शिक्षा पूर्ण कर रहा है। हम सभी को ऐसे सामाजिक कार्यों में योगदान देना चाहिए, जिससे इस प्रकार के बच्चों का जीवन सार्थक बन सके।

अभ्यास प्रश्न

1 नीचे दिए गए चित्रों को ध्यानपूर्वक देखिए और अपनी कल्पना के आधार पर इनका वर्णन कीजिए।

(i) 

(ii) 

(iii) 

(iv) 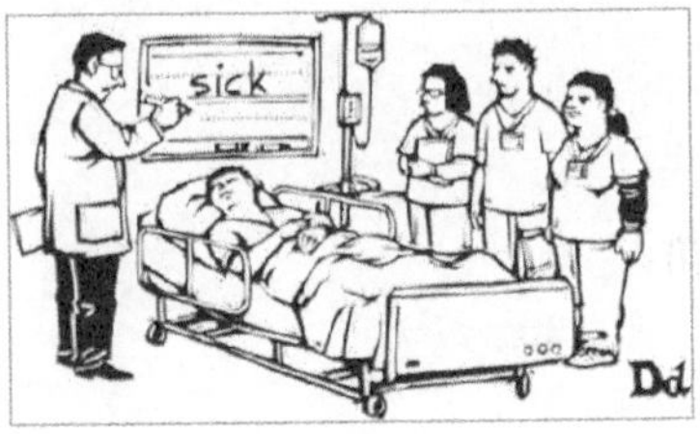

(v) 

अपठित बोध (गद्यांश)

वर्कशीट 1

निर्देश *निम्नलिखित गद्यांशों को ध्यानपूर्वक पढ़कर दिए गए प्रश्नों के उत्तर लिखिए।*

गद्यांश 1

14 नवंबर के दिन स्वतंत्र भारत के प्रथम प्रधानमंत्री स्वर्गीय पंडित जवाहरलाल नेहरू जी का जन्म हुआ था। प्रतिवर्ष इस दिन को 'बाल दिवस' के रूप में मनाया जाता है। पंडित नेहरू को गुलाब के फूल और गुलाब के फूल के समान खिले रहने वाले प्यारे-प्यारे बच्चे बहुत अधिक प्रिय थे, इसलिए उन्होंने अपने जन्मदिन को बच्चों का दिन 'बाल दिवस' के रूप में मनाया। स्वयं बच्चे भी नेहरू जी को बहुत अधिक प्यार किया करते थे और वे उन्हें प्यार से 'चाचा नेहरू' कहकर पुकारते थे। नेहरू जी प्रायः बच्चों के बीच घुल-मिल जाते थे। पंडित नेहरू जी को बच्चों से इतना अधिक प्यार था कि वे बहुत अधिक व्यस्त रहने पर भी बच्चों के लिए समय अवश्य निकाल लेते थे। यही नहीं कभी-कभी तो वे रास्ते में किसी क्षण किसी भी बच्चे को देखकर अपनी गाड़ी रुकवा कर उस बच्चे को गोदी में उठाकर पुचकारते थे तथा उससे बातें करने लग जाते थे।

1 पंडित नेहरू को कैसे बच्चे बहुत अधिक प्रिय थे?

2 बच्चे पंडित नेहरू को क्या कहकर पुकारते थे?

3 किसी भी बच्चे के लिए पंडित नेहरू का व्यवहार कैसा था?

4 'फूल' शब्द के चार पर्यायवाची शब्द लिखिए।

5 'प्रतिवर्ष' शब्द में से उपसर्ग छाँटकर लिखिए।

गद्यांश 2

जल का हमारे जीवन से बहुत महत्त्वपूर्ण संबंध है। जिस प्रकार हमारे शरीर में तीन भाग पानी का है, उसी प्रकार धरती पर भी तीन भाग जल का है। जल के कारण हरियाली है और हरियाली से ऑक्सीजन प्राप्त होती है, परंतु आजकल

लोग उद्योगों तथा रिहायशी भवनों के नाम पर एवं गलत निर्णयों के कारण हरियाली का विनाश कर रहे हैं तथा जल का धरती से गलत तरीके से दोहन किया जा रहा है। कहते हैं, ''जल ही जीवन है'' और ''बिन पानी सब सून।'' दूसरे शब्दों में कह सकते हैं कि जल के बिना हम जीवन की कल्पना ही नहीं कर सकते। जल के बिना संपूर्ण पर्यावरण प्रदूषित हो जाएगा। पृथ्वी निवास योग्य नहीं रह जाएगी अर्थात् मानव विहीन हो जाएगी।

1 दिए गए गद्यांश का उचित शीर्षक बताइए।

2 जल के बिना हम जीवन की कल्पना क्यों नहीं कर सकते?

3 जल के बिना संपूर्ण पृथ्वी का पर्यावरण कैसा हो जाएगा?

4 'हरा' शब्द से भाववाचक संज्ञा बनाइए।

5 'योग्य' का विलोम शब्द लिखिए।

वर्कशीट 2

निर्देश *निम्नलिखित गद्यांशों को ध्यानपूर्वक पढ़कर दिए गए प्रश्नों के उत्तर लिखिए।*

गद्यांश 1

सभ्यता के आदिकाल में मनुष्य ने पेड़-पौधों के महत्त्व को जान लिया था। यह भी जान लिया था कि पेड़-पौधे केवल नेत्रों को सुख प्रदान करने के लिए नहीं, अपितु प्राणी-जगत के लिए भी आवश्यक हैं। ऋषि-मुनियों ने वृक्षोपासना के लिए मंत्र-पूजा आदि का विधान बनाया। आज भी भारत के प्रांतों में विशेष त्योहारों पर वृक्षों का अत्यधिक महत्त्व है। प्रदूषण को कम करने के लिए यह अच्छा उपाय है कि अधिक-से-अधिक वृक्ष लगाए जाएँ और वायुमंडल को शुद्ध बनाया जाए। बच्चों को चाहिए कि वे वृक्षों के महत्त्व को जानकर अधिक-से-अधिक वृक्ष लगाएँ और प्रदूषण कम करने में हमारे सहायक बनें।

1 ऋषियों-मुनियों ने वृक्ष उपासना का विधान क्यों बनाया?

2 वायुमंडल को शुद्ध किस प्रकार बनाया जा सकता है?

3 गद्यांश का उचित शीर्षक दीजिए।

4 'अत्यधिक' शब्द में से प्रत्यय शब्दांश अलग कीजिए।

5 'वृक्षोपासना' का संधि-विच्छेद कीजिए।

गद्यांश 2

रवींद्रनाथ टैगोर जब 22 वर्ष के थे, तो उनका विवाह एक सुशिक्षित महिला मृणालिनी देवी के साथ 1883 ई. में संपन्न हुआ। मृणालिनी देवी एक सुसंस्कृत तथा अध्ययनशील महिला थीं। वे सदैव अपने पति के कार्यों में उन्हें पूरा-पूरा सहयोग देती थीं। विवाह के तीन वर्ष पश्चात् इनके घर एक कन्या का जन्म हुआ, जिसका नाम माधुरी लता रखा गया। इस पुत्री के जन्म के दो वर्ष पश्चात् ही उनके घर एक पुत्र का जन्म हुआ और पुत्र के जन्म के दो वर्ष बाद वे इंग्लैंड चले गए। इंग्लैंड में रहकर उन्होंने वहाँ अपने प्रिय विषयों का तल्लीनता से अध्ययन किया। उन्होंने एक कविता बनाकर स्वयं ही उसे भारतीय राष्ट्रीय कांग्रेस के अधिवेशन में गाया था। रवींद्रनाथ जी अन्य क्रिया-कलापों के साथ-साथ साहित्य-सृजन भी पूरे मनोयोग से कर रहे थे। 1887 से 1890 ई. के बीच उनके कई ग्रंथ प्रकाश में आए, जिसमें 'मानसी' उनका काव्य संकलन, 'मायार खेलां' तथा 'राजा और रानी' नाटक प्रमुख थे।

1 रवींद्रनाथ जी ने स्वरचित कविता को कहाँ गाया था?

2 रवींद्रनाथ जी साहित्य-सृजन किस प्रकार से कर रहे थे?

3 रवींद्रनाथ जी द्वारा रचित नाटकों के नाम बताइए।

4 'सुशिक्षित' शब्द में से उपसर्ग तथा प्रत्यय छाँटकर लिखिए।

5 'सहयोग' का विपरीतार्थक शब्द लिखिए।

वर्कशीट 3

निर्देश *निम्नलिखित गद्यांशों को ध्यानपूर्वक पढ़कर दिए गए प्रश्नों के उत्तर लिखिए।*

गद्यांश 1

दिल्ली में यमुना नदी के समीप लालकिला मुगल सम्राट शाहजहाँ ने बनवाया था। सम्राट को आगरा के बजाय दिल्ली से अधिक प्रेम था, इसलिए उनकी बनवाई जामा मस्जिद और लालकिला जैसी दो भव्य इमारतें हैं, जो उनके निर्माण कार्य की जीती-जागती मिसालें हैं। दिल्ली का लालकिला बहुत बड़ा है और उसकी कई इमारतें खूबसूरती में बेजोड़ हैं; जैसे—दीवान-ए-खास, दीवान-ए-आम, ख़्वाह गाह, तोशाखाना आदि। छोटे गोल गुंबजों वाला लालकिला जो लाल पत्थरों का बना हुआ है, आज भी दर्शकों को आकर्षित करने में सक्षम है। भारत के प्रधानमंत्री प्रतिवर्ष 15 अगस्त को इसके दिल्ली द्वार पर बने विशेष मंच से भारतीय ध्वज फहराते हैं।

1 लालकिला कहाँ स्थित है तथा इसका निर्माण किसने करवाया?

2 छोटे गोल गुंबजों वाला लालकिला कैसे रंग के पत्थरों से बना है?

3 लालकिले की कौन-कौन सी इमारतें बेजोड़ हैं?

4 ध्वज के दो पर्यायवाची शब्द लिखिए।

5 'आकर्षित' का विलोमार्थी शब्द लिखिए।

गद्यांश 2

संसार में समय को सबसे अधिक महत्त्वपूर्ण एवं मूल्यवान धन माना जाता है, क्योंकि बीता हुआ समय वापस नहीं लौट पाता। इसके विषय में एक कहावत प्रसिद्ध है—"गया वक्त फिर हाथ आता नहीं। समय किसी की प्रतीक्षा नहीं करता।" समय का महत्त्व इस बात से भी स्पष्ट है कि यदि धन खो जाए तो पुनः कमाया जा सकता है। यदि स्वास्थ्य खो जाए तो उसको भी प्राप्त कर सकते हैं, परंतु समय एक बार हाथ से निकल जाए तो पुनः लौटकर नहीं आ सकता, जो व्यक्ति समय का सदुपयोग करते हैं, वे ही जीवन में सफल होते हैं।

समय के सदुपयोग की सबसे अच्छी विधि है—प्रत्येक कार्य को करने के लिए उसके अनुकूल समय तय करना तथा समय के अनुकूल कार्य को निर्धारित करना। आलस्य मनुष्य का सबसे बड़ा शत्रु है। आलस्य मनुष्य की उन्नति के मार्ग में सबसे बड़ी बाधा बन जाता है। आलस्य के कारण वह समय के महत्त्व को नहीं समझ पाता।

1 उपरोक्त गद्यांश का उचित शीर्षक क्या होना चाहिए?

2 समय के सदुपयोग की सबसे अच्छी विधि क्या है?

3 समय का महत्त्व किन बातों से स्पष्ट होता है?

4 'सदुपयोग' शब्द का विलोम शब्द लिखिए।

5 'निर्धारित' शब्द में प्रयुक्त प्रत्यय का नाम लिखिए।

(काव्यांश)

वर्कशीट 1

निर्देश *निम्नलिखित काव्यांशों को ध्यानपूर्वक पढ़कर दिए गए प्रश्नों के उत्तर लिखिए।*

काव्यांश 1

बुढ़िया चला रही थी चक्की, पूरे साठ वर्ष की पक्की।
दोने में थी रखी मिठाई, उस पर उड़ मक्खी आयी।
बुढ़िया बाँस उठाकर दौड़ी, बिल्ली खाने लगी पकौड़ी।
झपटी बुढ़िया घर के अंदर, कुत्ता भागा रोटी लेकर।
बुढ़िया तब फिर निकली बाहर, बकरा घुसा तुरंत ही भीतर।
बुढ़िया चली गिर गया मटका, तब तक वह बकरा भी सटका।
बुढ़िया बैठ गई तब थककर, सौंप दिया बिल्ली को ही घर।

1 बिल्ली क्या खाने लगी थी?

2 बुढ़िया की उम्र कितनी थी?

3 बुढ़िया ने अपना घर किसे सौंप दिया?

4 काव्यांश में प्रयोग किए गए ऐसे दो शब्द बताइए, जो एक-दूसरे के विलोमार्थी हैं।

5 'घर' शब्द के दो पर्यायवाची शब्द लिखिए।

काव्यांश 2

सुबह-सुबह जो आयी धूप, शिखर-शिखर मुस्काई धूप,
बिखर-बिखरकर छप्पर-छत पर, धरती पर छितराई धूप।
झाड़ी-झुरमुट मैदानों में, खेत-रेत में, खलिहानों में,
डाली-डाली पर रुक-रुककर, फूल-फूल में, कली-कली में।
धीरे-धीरे गली-गली में, जाने कब, खिड़की पर उतरी,
घर में घुसी लजाई धूप, जाड़े में मन भायी धूप,
गरमी में गरमायी धूप, तपती रहती तन झुलसाती, बरखा में शरमाई धूप।
सूरज निकला, आयी धूप, दिनभर रामदुहाई धूप,
शाम हुई सो गई कहाँ जा, अलसाई-अलसाई धूप।

1 उपरोक्त काव्यांश का उचित शीर्षक बताइए।

2 धूप 'अलसाई' कब हो जाती है?

3 'जाड़े में मन भायी धूप' आशय स्पष्ट कीजिए।

4 'छितराई' शब्द का समानार्थी है।

5 'सूरज निकलने' के स्थान पर कोई अन्य शब्द का प्रयोग करें, जो समान अर्थ देता हो।

वर्कशीट 2

निर्देश *निम्नलिखित काव्यांशों को ध्यानपूर्वक पढ़कर दिए गए प्रश्नों के उत्तर लिखिए।*

काव्यांश 1

यह लघु सरिता का बहता जल, कितना शीतल, कितना निर्मल,
हिमगिरि के हिम से निकल-निकल, यह विमल दूध-सा हिम का जल।
रखता है तन में इतना बल, यह लघु सरिता का बहता जल।।
निर्मल जल की यह तेज़ धार, करके कितनी श्रृंखला पार,
बहती रहती है लगातार, गिरती-उठती है बार-बार।
करता है जंगल में मंगल, यह लघु सरिता का बहता जल।।
कितना कोमल, कितना वत्सल, रे जननी का वह अंतस्तल,
जिसका यह शीतल करुणा जल, बहता रहता युग-युग अविरल।
गंगा, यमुना, सरयू निर्मल, यह लघु सरिता का बहता जल।।

1 उपरोक्त काव्यांश का उचित शीर्षक बताइए।

2 सरिता के बहते जल की तुलना किससे की गई है?

3 "बहती रहती है लगातार, गिरती-उठती है बार-बार" पंक्ति का भावार्थ संक्षेप में बताइए।

4 'अविरल' शब्द में प्रयुक्त उपसर्ग शब्दांश को अलग करके लिखिए।

5 'मंगल' का विलोमार्थी शब्द बताइए।

काव्यांश 2

मैं बचपन को बुला रही थी, बोल उठी बिटिया मेरी।
नंदन-वन-सी फूल उठी वह, छोटी-सी कुटिया मेरी।।
'माँ ओ' कहकर बुला रही थी, मिट्टी खाकर आयी थी।
कुछ मुँह में कुछ लिए हाथ में, मुझे खिलाने लायी थी।।
मैंने पूछा—'यह क्या लायी' बोल उठी वह—'माँ काओ'।
फूल-फूल मैं उठी खुशी से, मैंने कहा—'तुम्हीं खाओ'।।

1 कवयित्री किसे बुला रही थी?

2 कवयित्री किसकी तरह फूल उठी थी?

3 मिट्टी खाकर कौन आई थी?

4 'कुटिया' में प्रयुक्त प्रत्यय क्या है?

5 'माँ' के तीन पर्यायवाची शब्द लिखिए।

वर्कशीट 3

निर्देश *निम्नलिखित काव्यांशों को ध्यानपूर्वक पढ़कर दिए गए प्रश्नों के उत्तर लिखिए।*

काव्यांश 1

अब यह चिड़िया कहाँ रहेगी?
आँधी आयी जोर-शोर से, डाली टूटी है झकोर से,
उड़ा घोंसला बेचारी का, किससे अपनी बात कहेगी?
घर में पेड़ कहाँ से लाएँ, कैसे यह घोंसला बनाएँ?
कैसे फूटे अंडे जोड़ें, किससे यह सब बात कहेगी।
अब चिड़िया कहाँ रहेगी?

1 ''उड़ा घोंसला बेचारी का'' में रेखांकित शब्द किसके लिए प्रयोग किया गया है?

2 घोंसला उड़ जाने का क्या कारण है?

3 कवि ने उपरोक्त पंक्तियों में क्या-क्या प्रश्न किए हैं?

4 'चिड़िया' का बहुवचन शब्द लिखिए।

5 'अंडे' से जन्म लेने वाले को क्या कहते हैं?

काव्यांश 2

ओ मेरे जन्मदाता, मैं हरा गेहूँ दूध भरा
मेरी यह विनती है, जब मैं पक जाऊँ।
और बने रोटी यह मेरी काया, मैं किसी शराबी अघाए अय्याश की
आँत में न जाऊँ, किसी फटेहाल थके पेट की
जलती भट्ठी में स्वाहा होता हुआ
तृप्ति की धुन गुनगुनाऊँ, वही मोक्ष सही
मोक्ष होगा, मेरे सुनहरे विकास का।

1 गेहूँ किससे विनती कर रहा है?

2 गेहूँ, रोटी की काया पाने के बाद किसकी आँत में नहीं जाना चाहता?

3 काव्यांश में प्रयुक्त हुआ शब्द 'फटेहाल' किस वर्ग के लिए है?

4 मोक्ष शब्द का समानार्थी है।

5 'शराबी' शब्द में प्रयुक्त प्रत्यय शब्दांश लिखिए।

उत्तरमाला

पाठ्य-पुस्तक

1 वह चिड़िया जो

3. (1) (घ) (ii) तत्पुरुष समास (ङ) (i) निश्चयवाचक
   (2) (घ) **विशेषण**-छोटी गरबीली **विशेष्य**-चिड़िया (ङ) (iv) चिड़ियाँ
4. (क) (iii) चोंच मारकर (ख) (i) बूढ़े वन-बाबा के लिए (ग) (iii) चिड़िया, नदी का (घ) (i) गरबीला
   (ङ) (iii) समुद्र से
5. (क) (✗) (ख) (✓) (ग) (✗) (घ) (✓) (ङ) (✗)

2 बचपन

4. (1) (घ) (i) धरती (ङ) (iv) पर्वत (2) (घ) (iii) दार (ङ) (ii) विदेशज
5. (क) (iv) जीजी (ख) (iii) रुई (ग) (ii) लेमनेड (घ) (ii) ब्राउन ब्रेड लाने की (ङ) (i) छोटे भाई का
6. (क) (✓) (ख) (✗) (ग) (✗) (घ) (✗) (ङ) (✗)
7. (क) पैटीज़ (ख) आइसक्रीम (ग) कोक-पेप्सी

3 नादान दोस्त

4. (1) (घ) (ii) जानने की इच्छा (ङ) (iii) प्रश्न (2) (घ) (i) प्रतीक्षा (ङ) (iii) सरदी
5. (क) (iii) प्याली का तेल (ख) (iii) तिनकों पर (ग) (iii) गद्दी बनाने के
   (घ) (i) भीगी बिल्ली बनकर (ङ) (ii) बच्चों की नादानी के कारण
6. (क) (✗) (ख) (✗) (ग) (✗) (घ) (✓) (ङ) (✗)
7. (क) केशव ने, श्यामा से (ख) माँ ने, केशव से (ग) केशव ने, माँ से

4 चाँद से थोड़ी-सी गप्पें

3. (घ) (iii) मुख (ङ) (iii) पाताल
4. (क) (ii) 10-11 वर्ष की एक लड़की (ख) (i) चाँद को (ग) (iv) चारों दिशाओं में (घ) (i) अच्छा न होने वाला
5. (क) (✗) (ख) (✓) (ग) (✓) (घ) (✓) (ङ) (✗)

5 अक्षरों का महत्त्व

4. (1) (घ) (iii) कोटि (ङ) (i) जड़ (2) (घ) (ii) नए (ङ) (iii) परमात्मा
5. (क) (iv) 5 अरब वर्ष (ख) (ii) इतिहास का (ग) (ii) लगभग 6000 वर्ष (घ) (iii) सभ्य (ङ) (iii) अक्षरों से
6. (क) (✓) (ख) (✓) (ग) (✗) (घ) (✓) (ङ) (✓)

6 पार नज़र के

4. (1) (घ) (iii) निकास (ङ) (iv) हलचल (2) (घ) (iv) विदेशज (ङ) (iv) पर्दा
5. (क) (iv) सिक्योरिटी-पास का (ख) (ii) स्पेस-सूट (ग) (iv) मंगल (घ) (i) कॉन्सोल
6. (क) (✓) (ख) (✗) (ग) (✓) (घ) (✓) (ङ) (✗)
7. (क) माँ ने, छोटू से (ख) छोटू ने, पापा से (ग) पापा ने, छोटू से

7 साथी हाथ बढ़ाना (गीत)

3. (1) (घ) (iv) विदेशज (ङ) (iii) लक्ष्य (2) (घ) (iv) विदेशज (ङ) (iii) अनेक
4. (क) (ii) परिश्रम करने से (ख) (ii) अंग्रेज़ों के लिए (ग) (iii) भला (घ) (iii) पर्वत का

8 ऐसे-ऐसे

4. (1) (घ) (iii) आगत (ङ) (i) आराम (2) (घ) (iii) उर्दू (ङ) (iv) शृंग
5. (क) (ii) 8-9–वर्ष तीसरी कक्षा (ख) (iv) बस अड्डे से (ग) (iv) हल्दी
(घ) (ii) क्योंकि वह अपना स्कूल का कार्य पूरा कर ले (ङ) (iv) (i) और (ii) दोनों को
6. (क) (✓) (ख) (×) (ग) (×) (घ) (✓) (ङ) (✓)

9 टिकट-अलबम

4. (1) (घ) (ii) स्वयं (ङ) (iv) उर्दू (2) (घ) (iii) सम्मान (ङ) (iv) हस्ती
5. (क) (iii) कूड़ा (ख) (iii) पार्वती को (ग) (ii) रूस (घ) (iv) ₹ 25 (ङ) (ii) कामाक्षी
(च) (ii) कमीज़ के नीचे खोंसकर
6. (क) (✓) (ख) (✓) (ग) (×) (घ) (×) (ङ) (✓)
7. (क) राजप्पा ने, कृष्णन से (ख) कामाक्षी ने, राजप्पा से (ग) आपू ने, राजप्पा से
(घ) राजप्पा ने, नागराजन से

10 झाँसी की रानी

3. (1) (घ) (iii) नई (ङ) (ii) भौंह (2) (घ) (iii) बादल-बाण (ङ) (i) शोख (3) (घ) (i) उर्दू (ङ) (i) बिराना
4. (क) (ii) सन्1857 से (ख) (iii) राजवंशों ने (ग) (iv) इनमें से कोई नहीं (घ) (ii) लेफ़्टिनेंट वॉकर
(ङ) (i) ह्यूरोज़ (च) (iii) सिंहनी से
5. (क) (✓) (ख) (×) (ग) (×) (घ) (✓) (ङ) (✓)

11 जो देखकर भी नहीं देखते

4. (1) (घ) (iii) दिशा-जवाब (ङ)

शब्द	**अर्थ**
आदी	अभ्यस्त

वाक्य प्रयोग–रवि धूम्रपान का आदी है।

(2) (घ) (iv) अस्पर्श (ङ) (ii) विपिन
5. (क) (iv) हेलेन केलर (ख) (iii) जंगल की (ग) (i) चीड़ (घ) (ii) दृष्टि के आशीर्वाद को
6. (क) (✓) (ख) (✓) (ग) (×) (घ) (×) (ङ) (✓)

12 संसार पुस्तक है

4. (1) (घ) (ii) उर्दू (ङ) (ii) निराशा (2) (घ) (iii) सजीव वस्तु (ङ) (iii) सोचना
5. (क) (i) इंदिरा को (ख) (iii) छोटा-सा टापू (ग) (i) संसार की पुस्तक का
(घ) (iv) बालू के
6. (क) (✓) (ख) (✓) (ग) (×) (घ) (✓) (ङ) (×)

13 मैं सबसे छोटी होऊँ

3. (घ) (iii) द्वंद (ङ) (i) नदी का किनारा, पल्लू
4. (क) (iv) वह माँ की गोद में सोना चाहती है (ख) (iii) वह सदा माँ के साथ रहना चाहती है (ग) (iii) परियों की (घ) (iii) इच्छारहित एवं भयरहित (ङ) (ii) चंद्रोदय
5. (क) (✓) (ख) (✓) (ग) (×) (घ) (×) (ङ) (✓)

14 लोकगीत

4. (1) (घ) (i) रचयिता (ii) गायक (ङ) जिसका अंत न हो, लोगों में प्रचलित तथा गाए-सुने जाने वाले गीत। (2) (घ) गुजराती, प्रांतीय (ङ) गायन –भाववाचक संज्ञा; गरबा–व्यक्तिवाचक संज्ञा।
5. (क) (ii) वीणा (ख) (i) बंगाल (ग) (iii) बिहार (घ) (iii) आल्हा (ङ) (iii) रसिया
6. (क) (✓) (ख) (×) (ग) (✓) (घ) (×) (ङ) (✓)
7. (क) त्योहारों (ख) शास्त्रीय संगीत (ग) ढोल-मारू (घ) आनंददायक (ङ) बारहमासे

15 नौकर

4. (1) (घ) अर्थ- विकल्प न होना, वाक्य प्रयोग-आर्थिक समस्या और बेरोज़गारी के कारण सुरेश को मज़दूरी करने के अलावा कोई चारा नहीं बचा। (ङ) कठिनाई (2) (घ) भारत, दान (ङ) शक्ति
5. (क) (ii) हज़ारों (ख) (ii) गेहूँ बीनने का (ग) (i) चाँदी (घ) (ii) दो (ङ) (iv) पंद्रह दिनों में
6. (क) (✓) (ख) (×) (ग) (✓) (घ) (×) (ङ) (✓)
7. (क) आलू (ख) कैदियों (ग) थकान (घ) अठहत्तर (ङ) गोपालकृष्ण गोखले

16 वन के मार्ग में

3. (घ) (i) उतावला होने का भाव (ङ) (iv) सुंदर
4. (क) (ii) पसीने की (ख) (ii) जल लेने (ग) (iv) सीता के
5. (क) (✓) (ख) (×) (ग) (✓) (घ) (✓) (ङ) (×)
6. (क) लक्खनु (ख) घरीक (ग) भूभुरि (घ) प्रियाश्रम (ङ) जानकीं

17 साँस-साँस में बाँस

4. (1) (घ) (iv) रौप्य (ङ) (iii) नरम (2) (घ) (ii) अंगुष्ठा (ङ) (ii) बाहर
5. (क) (iii) नागालैंड में (ख) (i) एक से तीन वर्ष (ग) (iv) 1 इंच (घ) (i) लचीला (ङ) (iii) उस्तादी भरा

व्याकरण

1 भाषा और व्याकरण

1. (क) (✓) (ख) (×) (ग) (×) (घ) (✓) (ङ) (✓)
2. (क) पश्चिमी (ख) भाष् (ग) 14 सितंबर (घ) पाँच
3. (क) (iii) 18 (ख) (iv) 2 (ग) (i) अवधी (घ) (iii) 14 सितंबर, 1949
4. (क) (iv) गढ़वाली (ख) (iii) मैथिली (ग) (i) ब्रजभाषा (घ) (ii) जयपुरी
5. (क) रोमन (ख) देवनागरी (ग) देवनागरी (घ) फ़ारसी (ङ) देवनागरी
6. (क) मौखिक रूप (ख) मौखिक रूप (ग) लिखित रूप (घ) लिखित रूप

2 वर्ण-विचार

1. (क) (ii) कंठ (ख) (i) तालु (ग) (v) मूर्धा (घ) (iii) दाँत (ङ) (iv) ओष्ठ
2. (क) ु (ख) ा (ग) ो (घ) ृ (ङ) ौ
3. (क) साँस (ख) पूँछ (ग) बाँट (घ) चिड़ियाँ (ङ) चाँटा
4. (क) ज्ञान (ख) क्षेत्र (ग) त्रिशुल (घ) त्रिदेव (ङ) श्रमिक
5. (क) भ् + आ + र् + अ + त् + ई + य् + अ (ख) क् + अ + म् + अ + ल् + अ
   (ग) र् + आ + ज् + ई + व् + अ (घ) ल् + ओ + च् + अ + न् + अ
   (ङ) न् + अ + य् + अ + न् + अ
6. (क) सरदार (ख) विशेषण (ग) प्रकाश (घ) दुर्बल (ङ) व्याकरण

3 शब्द-विचार

1. (क) (×) (ख) (×) (ग) (✓) (घ) (✓) (ङ) (✓)
2. (क) (iii) (ख) (iv) (ग) (v) (घ) (ii) (ङ) (i)
3. रूढ़ शब्द — सरल, जग, दीमक
   यौगिक शब्द — दुर्जन, रसोईघर, गंगाजल
   योगरूढ़ शब्द — त्रिलोचन, पंकज, दशरथ
4.

तत्सम	**तद्भव**	**देशज**	**विदेशज**
अंश	शगुन	थैला	कोर्ट
मित्र	सौ	लोटा	हॉस्पिटल

5. (क) होंठ (ख) कपूत (ग) गाँव (घ) कुआँ (ङ) आधा
6. (क) पुच्छ (ख) फाल्गुन (ग) मक्षिका (घ) मत्स्य (ङ) पूर्व

4 संज्ञा

1. (क) (✓) (ख) (✓) (ग) (✓) (घ) (×) (ङ) (×)
2. (क) (iii) (ख) (iv) (ग) (ii) (घ) (v) (ङ) (i)
3. (क) मनुष्यता (ख) पुरुषत्व (ग) लड़कपन (घ) बुढ़ापा
4. (क) रामत्व (ख) रावणत्व (ग) शिवत्व (घ) ममत्व/ममता
5. (क) अध्यापक, घोड़ा, किसान (ख) महात्मा बुद्ध, ब्रह्मपुत्र, रामायण (ग) उन्नति, शत्रुत, सुंदरता
   (घ) संघ, कक्षा, गट्ठर (ङ) ताँबा, घी, दही
6. (क) (ii) क्रोध (ख) (iii) कालवाचक (ग) (iii) हरियाली (घ) (i) व्यक्तिवाचक संज्ञा (ङ) (ii) जातिवाचक संज्ञा
7. (क) अपनत्व (ख) सौंदर्य (ग) घबराहट (घ) सावधानी (ङ) मिलाप
8. (क) राजीव, बत्तख (ख) नदी, पक्षी (ग) सौंदर्य, बचपन (घ) झुंड, दल (ङ) पानी, पीतल

5 संज्ञा के विकार

लिंग

1. (क) स्त्रीलिंग (ख) पुल्लिंग (ग) पुल्लिंग (घ) पुल्लिंग
2. (क) (v) नी (ख) (iii) इन (ग) (iv) इया (घ) (i) ई (ङ) (ii) आनी

3. (क) आतंक (ख) अनार (ग) अनुरोध (घ) अहंकार

4. (क) पुल्लिंग (ख) स्त्रीलिंग (ग) स्त्रीलिंग (घ) पुल्लिंग (ङ) पुल्लिंग

वचन

1.

एकवचन	**बहुवचन**	**एकवचन**	**बहुवचन**
(क) छात्रा	चिड़ियाँ	(घ) महिला	बोलियाँ
(ख) पुस्तिका	कपड़े	(ङ) शिष्य	बातें
(ग) नदी	जनसमुदाय		

2. (क) (iii) जन (ख) (vi) लोग (ग) (i) वृद (घ) (v) समुदाय (ङ) (iv) वर्ग (च) (ii) गण

4. (क) (ii) आलू (ख) (iii) (i) और (ii) दोनों (ग) (i) सदा बहुवचन में (घ) (iii) विधियाँ
(ङ) (i) छात्रगण

5. (क) बच्चों (ख) हाथों (ग) टाँगें (घ) आम

कारक

1. (क) (ii) को (ख) (iii) ने (ग) (v) में, पर (घ) (vii) का, के, की (ङ) (vi) से, के द्वारा
(च) (iv) हे!, अरे! (छ) (viii) से (पृथक्ता, अलगाव) (ज) (i) के लिए

2. (क) (iii) का (ख) (iv) अरे (ग) (i) का (घ) (iii) पर (ङ) (i) में

3. (क) में (ख) पर (ग) ने, को (घ) के लिए (ङ) के द्वारा

4. (क) कर्म कारक (ख) अपादान कारक (ग) संबोधन कारक (घ) कर्म कारक (ङ) अधिकरण कारक

6 सर्वनाम

1. (क) वे, यह, वह, ये, (ख) तुम, आप, आपका, तुम्हारा (ग) हम, मैं, मैंने हमने

2. (क) निश्चयवाचक सर्वनाम (ख) अनिश्चयवाचक सर्वनाम (ग) प्रश्नवाचक सर्वनाम
(घ) निजवाचक सर्वनाम (ङ) पुरुषवाचक सर्वनाम (च) संबंधवाचक सर्वनाम

3. (क) (iii) गुणवाचक सर्वनाम (ख) (ii) संबंधवाचक सर्वनाम (ग) (iii) तुम
(घ) (i) निजवाचक सर्वनाम (ङ) (i) विशेषण

4. (क) अपनत्व/अपनापन (ख) ममत्व/ममता (ग) निजता (घ) अहंकार (ङ) आपा

5. (क) हम (ख) अपने (ग) तुम (घ) वही (ङ) तू

7 विशेषण

1. (क) (i) 4 (ख) (ii) प्रविशेषण (ग) (i) विशेष्य (घ) (iii) ऐसा (ङ) (iv) संकेतवाचक विशेषण

2. (क) (i) इस (ii) वह (ख) (i) दयालु (iii) अस्वस्थ (ग) (i) आधा लीटर (ii) कुछ बूँद
(घ) (i) प्रत्येक (ii) पंद्रह

3. (क) काला, लंबा (ख) दस किलो, एक लीटर (ग) तीसरा, पाँचों (घ) जो, कोई

4. (क) (iii) लोमड़ी (ख) (i) आम (ग) (iv) आकाश (घ) (v) पानी (ङ) (ii) कार्य

5. (क) चमकीला (ख) आर्थिक (ग) बुद्धिमान (घ) धनी (ङ) भारतीय (च) दयावान

6. (क) लालित्य (ख) लालिमा (ग) भोलापन (घ) कमी (ङ) कटुता (च) नीचता

7. (क) **विशेषण** तेज़ (ख) **विशेषण** सुंदर (ग) **विशेषण** सफ़ेद
प्रविशेषण बहुत **प्रविशेषण** अत्यंत **प्रविशेषण** ज्यादातर

8. (क) कोमलतर (ख) निकट (ग) गुरुतम (घ) सुंदर, सुंदरतम

8 क्रिया

1. (क) (iii) काम का करना या होना (ख) (i) धातु (ग) (iii) सकर्मक क्रिया
(घ) (ii) पूर्वकालिक क्रिया (ङ) (iii) अनाम धातु क्रिया

2. (क) रहना (ख) गाना (ग) चलना (घ) खाना (ङ) सोना

3. (क) गलियाना (ख) लतियाना (ग) लजियाना (घ) शर्माना

4. (क) चढ़ाई (ख) धुलाई (ग) बहाव (घ) पढ़ाई

5. **अकर्मक** — **सकर्मक**
जागना — पीना
सोना — जगाना
रोना — देखना
तैरना — चिढ़ना

6. (क) अकर्मक क्रिया (ख) सकर्मक क्रिया (ग) अकर्मक क्रिया (घ) सकर्मक क्रिया (ङ) अकर्मक क्रिया
7. (क) पढ़वाना (ख) लिखवाना (ग) सुनवाना (घ) खिलवाना (ङ) करवाना

9 काल

1. (क) (iv) काल (ख) (i) पूर्ण भूत (ग) (i) उसने पुसतक पढ़ी। (घ) (iii) संदिग्ध भूत (ङ) (i) तीन
(च) (iii) मैं तुम्हारा पत्र पढ़ रहा हूँ।
2. (क) भूतकाल (ख) वर्तमान काल (ग) भविष्यत् काल (घ) भविष्यत् काल (ङ) वर्तमान काल
3. (क) अपूर्ण भूत (ख) अपूर्ण वर्तमान (ग) सामान्य भूत (घ) संभाव्य भविष्यत्
4. (क) मैं मुंबई जाता हूँ। (ख) सचिन क्रिकेट खेलेगा। (ग) भारत-पाकिस्तान का मैच हो रहा होगा।
(घ) शायद आज वर्षा हो। (ङ) मैं पत्र लिख रहा था।
5. (क) खेलते (ख) दिखाता (ग) आएगा (घ) जाएँगे (ङ) पहुँचे (च) खाए।

10 वाच्य

1. (क) (i) दो (ख) (i) कर्तृवाच्य (ग) (i) भाववाच्य (घ) (iii) कर्तृवाच्य (ङ) (ii) सकर्मक
2. (क) कर्तृवाच्य (ख) कर्मवाच्य (ग) भाववाच्य (घ) कर्मवाच्य (ङ) कर्तृवाच्य
3. (क) रमेश के द्वारा लेख लिखा जाता है। (ख) धोबी के द्वारा कपड़े धोए जाते हैं। (ग) आपके द्वारा खीर खाई जाती है।
(घ) राम के द्वारा रावण मारा गया। (ङ) पुलिस के द्वारा चोर पकड़ा गया।
4. (क) रमेश से क्रिकेट नहीं खेला जाता है। (ख) मुझसे तेज़ नहीं दौड़ा जाता है। (ग) लड़कियों से गाना नहीं गाया जाता।
(घ) तुमसे कुछ काम नहीं किया जाता है। (ङ) चूहे के इस बच्चे से चला नहीं जाता।
5. (क) तुम रो रहे थे। (ख) राम आम खाता है। (ग) टीना चाय बनाती है।
(घ) उसने सोहन को देखा। (ङ) राजीव खाना नहीं पकाता है।

11 अव्यय

1. (क) (i) तेज़ (ख) (i) 4 (ग) (iv) परिमाणवाचक (घ) (i) 2 (ङ) (iv) ये सभी
2. (क) (vi) (ख) (i) (ग) (v) (घ) (ii) (ङ) (vii) (च) (iv)
(छ) (iii)
3. (क) प्रतिदिन (ख) बिना (ग) और (घ) हाय! (ङ) या
4. (क) बाहर, उधर, बाँयें, साथ (ख) प्रतिदिन, लगातार, जब, तुरंत
(ग) केवल, क्रमशः, बस, लगभग (घ) संभवतः, अकस्मात्, निःसंदेह, इसलिए

12 उपसर्ग एवं प्रत्यय

1. (क) सजग, सहित (ख) भरपेट, भरपूर
(ग) अजर, अमर (घ) उपकार, उपप्रधान
(ङ) सुपात्र, सुलेख (च) आजीवन, आमरण
(छ) कमउम्र, कमज़ोर
2. (क) उप (ख) हम (ग) पर (घ) कु (ङ) खुश
(च) सर (छ) बद
3. (क) प्र + ख्यात (ख) प्र + चार (ग) प्र + सार (घ) प्र + गति
(ङ) प्र + वेग (च) प्र + योग (छ) प्र + स्थान
4. (क) कूड़ादान, कलमदान (ख) मेहरबान, मेज़बान (ग) शर्मनाक, दर्दनाक
(घ) बनावट, लिखावट (ङ) प्रहार, संहार (च) पिअक्कड़, घुमक्कड़ (छ) टिकाऊ, खाऊ
5. (क) आई (ख) ता (ग) आइन (घ) ई (ङ) ईय
(च) पन (छ) खोर
6. (क) मनुष्य + ता (ख) सुंदर + ता (ग) लघु + ता (घ) पशु + ता
(ङ) वीर + ता (च) मधुर + ता (छ) जीवंत + ता

7.

उपसर्ग	मूलशब्द	प्रत्यय	उपसर्ग	मूलशब्द	प्रत्यय
(क) दुस्	साहस	ई	(ख) स्व	तंत्र	ता
(ग) स	फल	ता	(घ) बद	नाम	ई
(ङ) निर्	धन	ता	(च) अप	मान	इत
(छ) बे	चैन	ई			

8. (क) वजह (ख) 'ला' (ग) क्रम (घ) नि (ङ) शब्द (च) 'स्व'
9. (क) अक्कड़ (ख) लिख (ग) आवना (घ) मुख (ङ) आब (च) दास

13 संधि

1. (क) (iii) धरा + ईश (ख) (iv) तीन (ग) (i) गुण संधि (घ) (ii) पाँच (ङ) (ii) निश्चल
2. (क) रवींद्र, राकेश, विद्यालय (ख) योगेंद्र, हिमालय (ग) सदैव, स्वागत (घ) नयन (ङ) निराधार
3. (क) (iv) (ख) (v) (ग) (ii) (घ) (vii) (ङ) (i) (च) (iii)
   (छ) (vi)
4.

संधि-विच्छेद			संधि का नाम	संधि-विच्छेद			संधि का नाम
(क) कवि + इंद्र	=	कवींद्र	दीर्घ संधि	(ख) वन + औषधि	=	वनौषधि	वृद्धि संधि
(ग) अति + अधिक	=	अत्यधिक	यण् संधि	(घ) पूर्व + उक्त	=	पूर्वोक्त	गुण संधि
(ङ) भौ + उक	=	भावुक	अयादि संधि				

5. (क) वधूत्सव (ख) यद्यपि (ग) दंतौष्ठ (घ) नाविक (ङ) परमार्थ (च) पवन

14 समास

1. (क) (iv) (ख) (v) (ग) (i) (घ) (ii) (ङ) (iii)
2. (क) हाथों-हाथ (ख) प्रयोगशाला (ग) लालमणि (घ) तिरंगा (ङ) घनश्याम (च) राजा-प्रजा
3. (क) नौ रात्रियों का समूह (ख) लोटा और डोरी (ग) लोक में प्रिय
   (घ) कमल के समान नयन (ङ) समय के अनुसार (च) चार हैं आनन जिसके (ब्रह्मा)
4. (क) **कर्मधारय समास** नीला है, जो कंठ
   बहुव्रीहि समास नीला है, कंठ जिसका अर्थात् शिव
   (ख) **कर्मधारय समास** लंबे पेट वाला
   बहुव्रीहि समास लंबा है उदर जिसका अर्थात् गणेश
   (ग) **द्विगु समास** चार भुजाओं का समूह
   बहुव्रीहि समास चार हैं भुजाएँ जिसकी अर्थात् विष्णु
   (घ) **द्विगु समास** पाँच वटों का समाहार
   बहुव्रीहि समास पाँच वटों से घिरा एक निश्चित स्थल अर्थात् जहाँ वनवासी राम ने सीता और लक्ष्मण के साथ निवास किया था।
   (ङ) **द्विगु समास** दस आननों का समूह
   बहुव्रीहि समास दस आनन हैं, जिसके अर्थात् रावण
5. (क) मुँह माँगा (ख) भारत-रत्न (ग) सुख-दुःख (घ) धनहीन (ङ) प्रतिदिन

15 वाक्य विचार

1. (क) (ii) 2 (ख) (ii) संयुक्त वाक्य (ग) (ii) ज्ञानवाचक (घ) (iii) मिश्र वाक्य (ङ) (i) संदेहवाचक
   (च) (iii) इच्छावाचक (छ) (iv) आज्ञावाचक
2. (क) मेज पर एक पुस्तक रखी है। (ख) बच्चों को सेब काटकर खिलाओ। (ग) मेरे संपादन में एक पुस्तक छप गई है।
   (घ) नाव पानी में तैरती है। (घ) काव्या हिंदी और अंग्रेजी दोनों ही भाषाएँ बोल लेती है।
3. (क) **उद्देश्य** राजन **विधेय** किकेट खेलने गया। (ख) **उद्देश्य** हमें **विधेय** सदैव सत्य बोलना चाहिए।
   (ग) **उद्देश्य** लक्ष्मण **विधेय** अच्छी चाय बनाई है।
4. (क) उसने खाना खाया और सो गया। (ख) सूर्योदय होने पर कुहासा जाता रहा।
   (ग) जब राम आएगा, तब मोहन जाएगा।
5. (क) रमेश विद्यालय नहीं जाता है। (ख) हाय! उसके माता-पिता दोनों ही चल बसे।
   (ग) मैंने कार्य किया है। (घ) क्या तुमने अपना गृह-कार्य कर लिया है?
   (ङ) शायद, राम आया हो!
6. (क) विधानवाचक (ख) निषेधवाचक (ग) प्रश्नवाचक (घ) विस्मयवाचक (ङ) संकेतवाचक
7. (क) (×) (ख) (✓) (ग) (×) (घ) (✓) (ङ) (✓)

अपठित बोध

1 गद्यांश

वर्कशीट 1

गद्यांश 1

4. फूल – सुमन, प्रसून, कुसुम, पुष्प
5. 'प्रति'

गद्यांश 2

4. हरियाली
5. योग्य – अयोग्य

वर्कशीट 2

गद्यांश 1

4. 'इक'
5. वृक्षोपासना = वृक्ष + उपासना

गद्यांश 2

4. 'सु' उपसर्ग, 'इत' प्रत्यय
5. 'असहयोग'

वर्कशीट 3

गद्यांश 1

4. झंडा, पताका
5. अनाकर्षित

गद्यांश 2

4. दुरुपयोग
5. 'इत'

2 काव्यांश

वर्कशीट 1

काव्यांश 1

4. बाहर-भीतर
5. गृह, आलय

काव्यांश 2

4. फैल गई
5. सूर्योदय

वर्कशीट 2

काव्यांश 1

4. 'अ' उपसर्ग
5. अमंगल

काव्यांश 2

4. 'इया' प्रत्यय
5. माता, अंबा, मातृ

वर्कशीट 3

काव्यांश 1

4. चिड़ियाँ
5. अंडज

काव्यांश 2

4. मुक्ति
5. 'ई' प्रत्यय